KB267701

★일본어 바로읽기★

훈독과 음독으로 풀어 쓴

일본어단어

★일본어 바로읽기★

훈독과 음독으로 풀어 쓴
일본어단어

이영조 지음

사사연

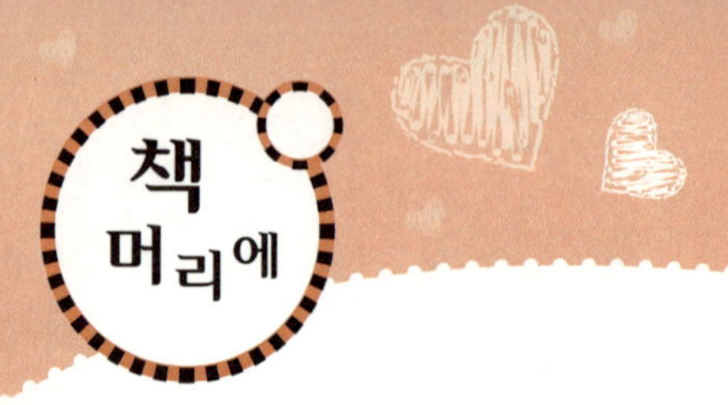

　　어느 나라의 말이건 간에 나름대로의 독특한 발음과 뜻이 담겨져 있게 마련이거니와, 특히 일본어의 경우 우리 나라의 언어와는 달리, 같은 글자인데도 단어에 따라 발음과 뜻이 완전히 달라지는 그런 용어가 제법 많아, 일본어학습은 결코 쉽지 않은 과제로 남아있게 된다.

　　더욱이 이런 단어들이 비교적 기초단어라는 사실에 더한층 어려움이 있는 것이다.

　　게다가 일본어는 단어마다 훈독(訓讀)과 음독(音讀)으로 나뉘어져 있어, 이 두 가지 발음을 모두 소화해야 하는 어려움이 있다. 훈독이란 그 글자의 뜻에 따라 읽는 발음을 뜻하고, 음독은 소리나는대로 읽는 발음으로서 예컨대 「国」은 훈독이 「구니」이고 음독이 「고꾸」와 「곳」이 된다. 「国自慢(くにじまん·나라사랑)」 「国民(こくみん·국민)」 「国家(こっか·국가)」 이런 식이다.

　　물론 우리도 한자(漢字)로 된 단어인 경우 「国」은 「나라국」으로, 「学」은 「배울학」으로, 이런 식으로 뜻과 발음을 배우고 있지만, 일본어는 명사(名詞)는 말할 것도 없고 동사(動詞)·형용사(形容詞)마저도 모두 한자로 이루어져 있어, 훈독과 음독의 학습은 필수적이라 아니할 수 없다.

　　예를 들어 동사로서 「만든다」인 「作る」는 훈독이 「쓰꾸루」이고 음독은 「사꾸」와 「사」가 된다. 「作り上げ(つくりあげ·완성)」 「作品(さくひん·작품)」 「作業(さぎょう·작업)」 이런 식이다. 또한 형용사로서 「아름답다」인 「美しい」는 훈독이 「우쓰꾸시이」이고 음독은 「비」가 된다. 「美しさ(うつくしさ·아름다움)」 「美人(びじん·미인)」 이렇게 되는 것이다.

앞에서도 잠깐 언급했지만, 일본어는 같은 글자인데도 단어에 따라 발음이 달라지거나, 우리가 생각하는 한자(漢字)의 뜻과는 너무나 다른 뜻의 단어가 제법 있는 만큼, 그야말로 차근차근 배워나가야 한다.

다음의 예(例)를 보자.

「雨」는 발음이 본시 「아메」인데, 「비가 그친 뒤」는 「雨上がり(아메아가리)」이지만, 「낙숫물」은 「雨垂れ(아마다레)」가, 그리고 「봄비」는 「春雨(하루사메)」가 된다. 이렇듯 단어에 따라 「아메」도 되고 「아마」도, 그리고 「사메」도 되는 것이다.

그렇다면 「当り前(あたりまえ)」는 무슨 뜻일까? 아마 그 뜻을 쉽게는 생각해내지 못할 것이다. 그런데 뜻은 「당연하다」인 것이다. 이번에는 「仲間」란 무엇일까? 발음은 「なかま」이고 「같은 일을 하는 동료」, 즉 「한 패」를 가리키는데, 그 뜻을 어찌 짐작이나 할 수 있겠는가?

이렇듯 쉬운 것 같으면서도 막상 까다로운 것이 일본어인 것이다. 개중에는 우리로서는 도저히 납득이 안 되는 발음과 뜻이 있기 때문이다.

이 책은 일본어를 배우려는 사람들의 이런 어려움을 덜어주고자 기획된 것으로서, 여기에 나오는 단어의 훈독과 음독을 제대로 익힌다면, 학습에 큰 도움이 되리라 확신한다. 특히 예시(例示)된 단어들을 제대로 소화한다면, 여러분들의 일본어 실력은 놀라울 만큼 향상되리라 믿는다.

끝으로 말해 둘 것은 근래 일본어표기에 「까」를 「카」로 「따」를 「타」로……이런 식으로 표기하여 「東京」는 「도오쿄」로, 「松本」는 「마츠모토」로 표기하고 있지만, 이 책에서는 어디까지나 원음(原音) 그대로 「도오꾜오」「마쓰모또」로 표기했음을 밝혀 둔다.

지은이 씀

CONTENTS

일본어 바로읽기
훈독과 음독으로 풀어 쓴
일본어단어

間

あいだ · 아이다, ま · 마
かん · 캉, けん · 겡

사이, 중간, 동안

※「間」는 훈독이 「あいだ」도 되고 「ま」도 되며, 음독 또한 「かん」도 되고 「けん」도 되는 등 그 발음이 매우 까다롭다.

間柄 (あいだがら · 아이다가라) 사람과 사람과의 사이, 혈족 · 친척간의 관계
この間 (このあいだ · 고노아이다) 지난번, 일전
間借り (まがり · 마가리) 셋방살이
手間賃 (てまちん · 데마찡) 수고료, 품삯
間食 (かんしょく · 간쇼꾸) 간식, 군것질
三日間 (みっかかん · 밋까깡) 3일 동안, 사흘간
五間 (ごけん · 고껭) 다섯칸
世間 (せけん · 세껭) 세상

合う

あう · 아우
ごう · 고오, がっ · 갓

맞다, 합당하다, 합쳐지다

※「合う」 또한 음독이 「ごう」도 되고 「がっ」도 되는 등 까다롭다.

合図 (あいず · 아이즈) 신호(눈짓 · 몸짓 등)
合乗り (あいのり · 아이노리) 합승
合格 (ごうかく · 고오까꾸) 합격
合同 (ごうどう · 고오도오) 합동
合宿 (がっしゅく · 갓슈꾸) 합숙
合唱 (がっしょう · 갓쇼오) 합창

会う
あう・아우
かい・가이

만나다, 대면하다

会い場所 (あいばしょ・아이바쇼) 만나는 장소
会談 (かいだん・가이당) 회담
運動会 (うんどうかい・운도오까이) 운동회

青
あお・아오
せい・세이

파랑, 청색

青空 (あおぞら・아오조라) 푸른 하늘
青二才 (あおにさい・아오니사이) 풋내기, 아마츄어
青春 (せいしゅん・세이슌) 청춘
青年 (せいねん・세이넹) 청년

赤
あか・아까
せき・세끼

빨강, 붉은 색

赤信号 (あかしんごう・아까싱고오) 적신호
赤子 (あかご・아까고) 갓난아기, 젖먹이
赤外線 (せきがいせん・세끼가이셍) 적외선
赤十字 (せきじゅうじ・세끼쥬우지) 적십자

垢

あか · 아까
く · 구

때, 더러움

垢付く (あかつく · 아까쓰꾸) 때가 묻다, 더러워지다
垢抜け (あかぬけ · 아까누께) 세련됨, 때가 빠져 깨끗해짐
無垢 (むく · 무꾸) 무구, 지극히 깨끗함

証

あかし · 아까시
しょう · 쇼오

증거, 증명

証文 (あかしぶみ · 아까시부미) 증명서, 증서
証す (あかす · 아까스) 증명하다, 밝히다
証拠 (しょうこ · 쇼오꼬) 증거
証明 (しょうめい · 쇼오메이) 증명

崇める

あがめる · 아가메루
すう · 스우

숭배하다, 존경하다

崇め (あがめ · 아가메) 숭배
崇高 (すうこう · 스우꼬오) 숭고
崇拝 (すうはい · 스우하이) 숭배

明るい

あかるい・아까루이
めい・메이, みょう・묘오

밝다, 환하다

明り （あかり・아까리） 환한 빛, 밝은 빛
明るみ （あかるみ・아까루미） 밝은 곳, 표면화
明暗 （めいあん・메이앙） 명암
明朗 （めいろう・메이로오） 명랑
明星 （みょうじょう・묘오죠오） 명성
明年 （みょうねん・묘오넹） 명년, 내년

秋

あき・아끼
しゅう・슈우

가을

秋風 （あきかぜ・아끼가제） 가을바람
秋晴れ （あきばれ・아끼바레） 맑게 갠 가을날씨
秋分 （しゅうぶん・슈우붕） 추분
春秋 （しゅんじゅう・슌쥬우） 춘추

商い

あきない・아끼나이
しょう・쇼오

장사, 상업

商う （あきなう・아끼나우） 장사하다
商人 （あきんど・아낀도） 장사치, 상인
商業 （しょうぎょう・쇼오교오） 상업
商店 （しょうてん・쇼오뗑） 상점

呆れる
あきれる · 아끼레루
ほう · 호오

기가 막히다, 질리다

呆れ返る （あきれかえる · 아끼레가에루） 어이없다
呆れ果てる （あきれはてる · 아끼레하떼루） 아연실색하다
呆然 （ぼうぜん · 보오젱） 망연, 어리둥절함
阿呆 （あほう · 아호오） 바보, 천치

空く
あく · 아꾸
くう · 구우

비다, (속이) 텅 비다

空き巣狙い （あきすねらい · 아끼스네라이） 빈집털이
空き家 （あきや · 아끼야） 사람이 살지 않는 빈집
空間 （くうかん · 구우깡） 공간
空港 （くうこう · 구우꼬오） 공항

飽く
あく · 아꾸
ほう · 호오

싫증나다, 만족하다

飽きる （あきる · 아끼루） 싫증나다, 물리다
飽き足りない （あきたりない · 아끼다리나이） 시원치 않다
飽食 （ほうしょく · 호오쇼꾸） 포식
飽満 （ほうまん · 호오망） 포만

開ける
あける・아께루
かい・가이

열다

開け閉め （あけしめ・아께시메） 개폐
開け放す （あけはなす・아께하나스） 열어젖뜨림
開始 （かいし・가이시） 개시
開放 （かいほう・가이호오） 개방

朝
あさ・아사
ちょう・죠오

아침, 아침나절

朝顔 （あさがお・아사가오） 나팔꽃
朝寝 （あさね・아사네） 아침잠, 늦잠
朝食 （ちょうしょく・죠오쇼꾸） 조반, 아침밥
朝礼 （ちょうれい・죠오레이） 조례

浅い
あさい・아사이
せん・셍

얕다, 덜하다

浅黒い （あさぐろい・아사구로이） (살갗이)거무스름하다
浅瀬 （あさせ・아사세） 얕은 여울
浅学 （せんがく・셍가꾸） 천학
浅紅 （せんこう・셍꼬오） 엷은 홍색

足

あし・아시
そく・소꾸

(사람의) 다리, 발

足跡　（あしあと・아시아또）발자국, 족적
足踏み　（あしぶみ・아시부미）제자리걸음, 답보상태
遠足　（えんそく・엔소꾸）원족, 소풍
不足　（ふそく・후소꾸）부족

脚

あし・아시
きゃく・갸꾸

(사람의)다리, 발

※「脚」는 음독이 「きゃく」도 되고 「きゃっ」도 된다.

脚の線　（あしのせん・아시노셍）각선
机の脚　（つくえのあし・쓰꾸에노아시）책상다리
脚絆　（きゃくはん・갸꾸항）각반
脚本　（きゃくほん・갸꾸홍）각본
脚下　（きゃっか・걋까）발아래
脚光　（きゃっこう・걋꼬오）각광

味

あじ・아지
み・미

(음식의) 맛

味見　（あじみ・아지미）맛보기
後味　（あとあじ・아또아지）뒷맛
味覚　（みかく・미까꾸）미각
興味　（きょうみ・교오미）흥미

汗

あせ · 아세
かん · 강

땀

汗塗れ （あせまみれ · 아세마미레） 땀투성이
汗疹 （あせも · 아세모） 땀띠
汗腺 （かんせん · 간셍） 한선, 땀샘
発汗 （はっかん · 핫깡） 발한

遊ぶ

あそぶ · 아소부
ゆう · 유우

놀다

遊び （あそび · 아소비） 놀이
遊び場 （あそびば · 아소비바） 놀이터
遊園地 （ゆうえんち · 유우엔찌） 유원지
遊戯 （ゆうぎ · 유우기） 유희

価

あたい · 아따이
か · 가

값, 댓가, 수치

価する （あたいする · 아따이스루） 값하다, 가치가 있다.
価格 （かかく · 가까꾸） 가격, 값
評価 （ひょうか · 효오까） 평가

暖かい
あたたかい・아따다까이
だん・당

따뜻하다

暖まり （あたたまり・아따다마리） 온기(溫氣)
暖める （あたためる・아따다메루） 데우다, 따뜻하게 하다
暖冬 （だんとう・단또오） 난동, 춥지 않은 겨울
暖房 （だんぼう・단보오） 난방

頭
あたま・아따마, かしら・가시라
とう・도오

머리, 목 위 부분

※「頭」는 훈독이 「あたま」도 되고, 「かしら」도 된다.

頭株 （あたまかぶ・아따마가부） 우두머리, 두목
頭数 （あたまかず・아따마가즈） 인원수, 머릿수
頭文字 （かしらもじ・가시라모지） 머리글자, 이니셜
目頭 （めがしら・메가시라） 눈시울
頭髪 （とうはつ・도오하쓰） 두발
年頭辞 （ねんとうじ・넨또오지） 연두사

新しい
あたらしい・아따라시이
しん・싱

새롭다, 싱싱하다

新しがり屋 （あたらしがりや・아따라시가리야） 새로운 유행을 따르는 사람
新年 （しんねん・신넹） 신년
新聞 （しんぶん・신붕） 신문

当たる　あたる・아따루　とう・도오
들어맞다, 부딪치다

当たり （あたり・아따리） 명중, 적중
当り前 （あたりまえ・아따리마에） 당연, 마땅함
当分 （とうぶん・도오붕） 당분간
弁当 （べんとう・벤또오） 도시락

暑い　あつい・아쓰이　しょ・쇼
덥다

暑さ （あつさ・아쓰사） 더위
蒸し暑い （むしあつい・무시아쓰이） 무덥다
暑気 （しょき・쇼끼） 서기, 더운 기운
避暑 （ひしょ・히쇼） 피서

熱い　あつい・아쓰이　ねつ・네쓰
뜨겁다, 열중하다

熱熱 （あつあつ・아쓰아쓰） 매우 뜨거움, 애인끼리 사이가 좋은 모양
熱燗 （あつかん・아쓰깡） 뜨겁게 데운 술
熱意 （ねつい・네쓰이） 열의
熱中 （ねっちゅう・넷쮸우） 열중

厚い
あつい・아쓰이
こう・고오

두껍다, 두텁다

厚着 （あつぎ・아쓰기） 옷을 많이 껴입음
厚み （あつみ・아쓰미） 두께
厚顔 （こうがん・고오강） 후안, 몰염치
温厚 （おんこう・옹꼬오） 온후

集まる
あつまる・아쓰마루
しゅう・슈우

모이다, 집중하다

集まり （あつまり・아쓰마리） 모임
集める （あつめる・아쓰메루） 모으다
集合 （しゅうごう・슈우고오） 집합
募集 （ぼしゅう・보슈우） 모집

後
あと・아또, うしろ・우시로
こう・고오, ご・고

뒤, 나중

※「後」는 훈독이 「あと」도 되고 「うしろ」도 되며, 음독 또한 「こう」도 되고, 「ご」도 되는 등 그 발음이 까다롭다.

後始末 （あとしまつ・아또시마쓰） 뒷치닥거리
後の祭り （あとのまつり・아또노마쓰리） 행차 후의 나팔
後ろ姿 （うしろすがた・우시로스가따） 뒷모습

後ろ楯 （うしろだて · 우시로다떼） 후원자, 패트런
後方 （こうほう · 고오호오） 후방, 뒤쪽
後列 （こうれつ · 고오레쓰） 뒷줄
後家 （ごけ · 고께） 과부, 미망인
後生 （ごしょう · 고쇼오） 제발, 부디

跡   あと · 아또
せき · 세끼   자취, 흔적

跡形 （あとかた · 아또까따） 자취, 흔적
跡継ぎ （あとつぎ · 아또쓰기） 후계자
遺跡 （いせき · 이세끼） 유적
奇跡 （きせき · 기세끼） 기적

穴   あな · 아나
けつ · 게쓰   구멍

穴熊 （あなぐま · 아나구마） 오소리
洞穴 （ほらあな · 호라아나） 동굴
経穴 （けいけつ · 게이께쓰） 경혈
馬穴 （ばけつ · 바께쓰） 바케쓰(양동이)

兄

あに・아니
けい・게이, きょう・교오　　　형, 오빠

※「兄」는 음독이 「けい」도 되고 「きょう」도 된다. 또한 부를 때는
「あにさん」이라고 하지 않고 「にいさん」이라고 한다.

兄貴 （あにき・아니끼） 형을 다정하게 이르는 말
兄嫁 （あによめ・아니요메） 형수
貴兄 （きけい・기께이） 당신의 존칭
学兄 （がっけい・갓께이） 학형
兄弟 （きょうだい・교오다이） 형제

姉

あね・아네
し・시　　　누나, 언니

※「姉」는 훈독이 「あね」이고 음독은 「し」가 되는데, 누나를 부를
때는 이 또한 「あねさん」이 아닌 「ねえさん」이 된다.

姉御 （あねご・아네고） 언니・누이의 경칭
姉女房 （あねにょうぼう・아네뇨오보오） 남편보다 나이가 많은 아내
姉妹 （しまい・시마이） 자매

暴れる

あばれる・아바레루
ぼう・보오　　　날뛰다, 설치다

暴れん坊 （あばれんぼう・아바렌보오） 망나니
暴力 （ぼうりょく・보오료꾸） 폭력
乱暴 （らんぼう・란보오） 난폭, 거칠게 굴다

危い

あぶない・아부나이
き・기

위험하다, 위태롭다

※「危い」는 「위험하다」라는 뜻이고 「あぶない」라고 하는데 「위태롭다」 할 때는 「あやうい」로 발음한다.

危なっかしい （あぶなっかしい・아부낫까시이） 위태롭기 짝없다
危うく （あやうく・아야우꾸） 위태롭게
危険 （きけん・기껭） 위험
危篤 （きとく・기또꾸） 위독

油

あぶら・아부라
ゆ・유

기름

油絵 （あぶらえ・아부라에） 유화(油畵), 양화(洋畵)
油紙 （あぶらがみ・아부라가미） 유지, 기름종이
油田 （ゆでん・유뎅） 유전
石油 （せきゆ・세끼유） 석유

脂

あぶら・아부라
し・시

(동물의) 기름

脂汗 （あぶらあせ・아부라아세） 비지땀, 진땀
脂っ濃い （あぶらっこい・아부랏꼬이） 기름지다
脂肪 （しぼう・시보오） 지방, 비계
油脂 （ゆし・유시） 유지

尼

あま・아마
に・니

여승, 수녀(修女)

尼っ子 （あまっこ・아맛꼬） 계집년
尼寺 （あまでら・아마데라） 여승방
尼僧 （にそう・니소오） 여승
比丘尼 （びくに・비꾸니） 비구니

甘い

あまい・아마이
かん・강

달다, 맛좋다

甘える （あまえる・아마에루） 응석부리다, 어리광부리다
甘柿 （あまがき・아마가끼） 단감
甘言 （かんげん・강겡） 감언, 달콤한 말
甘受 （かんじゅ・간쥬） 감수

余る

あまる・아마루
よ・요

남다, 넘치다

余す （あます・아마스） 남기다
余り （あまり・아마리） 남은 것, 우수리
余裕 （よゆう・요유우） 여유
剩余 （じょうよ・죠오요） 잉여

網　あみ・아미 / もう・모오　그물, 망

網棚 （あみだな · 아미다나） 그물모양으로 만든 선반
網投げ （あみなげ · 아미나게） 투망, 그물던지기
網膜 （もうまく · 모오마꾸） 망막
網羅 （もうら · 모오라） 망라

編む　あむ・아무 / へん・헹　짜다, 엮다, 편찬하다

編み上げ （あみあげ · 아미아게） 목달린 구두, 편상화
編み物 （あみもの · 아미모노） 편물, 뜨개질
編集 （へんしゅう · 헹슈우） 편집
編成 （へんせい · 헹세이） 편성

雨　あめ・아메, あま・아마 / う・우　비, 우천(雨天)

※「雨」는 발음이 너무 까다로워, 훈독이 「あめ」도 되고 「あま」도
되며, 게다가 엉뚱한 「さめ」도 된다.

雨上がり （あめあがり · 아메아가리） 비가 그친 뒤
雨跡 （あめあと · 아메아또） 빗자국
雨垂れ （あまだれ · 아마다레） 낙숫물
雨模様 （あまもよう · 아마모요오） 비가 올 것 같은 날씨
霧雨 （きりさめ · 기리사메） 안개비
春雨 （はるさめ · 하루사메） 봄비
雨天 （うてん · 우뗑） 우천. 비오는 날
祈雨際 （きうさい · 기우사이） 기우제

怪しい 

あやしい · 아야시이
かい · 가이

수상하다, 괴이하다

怪しむ （あやしむ · 아야시무） 수상히 여기다
怪人 （かいじん · 가이징） 괴인
奇怪 （きかい · 기까이） 기괴함

操る

あやつる · 아야쓰루
そう · 소오

조종하다, 다루다

操り （あやつり · 아야쓰리） 조종
操り人形 （あやつりにんぎょう · 아야쓰리닝교오） 꼭두각시
操縦 （そうじゅう · 소오쥬우） 조종
体操 （たいそう · 다이소오） 체조

誤る

あやまる · 아야마루
ご · 고

실수하다, 그릇치다

誤り （あやまり · 아야마리） 잘못, 실수
誤解 （ごかい · 고까이） 오해
錯誤 （さくご · 사꾸고） 착오

謝る

あやまる・아야마루
しゃ・샤

사과하다

謝り （あやまり・아야마리） 사과
謝礼 （しゃれい・샤레이） 사례
感謝 （かんしゃ・간샤） 감사

荒い

あらい・아라이
こう・고오

거칠다, 난폭하다

荒稼ぎ （あらかせぎ・아라가세기） 막벌이
荒波 （あらなみ・아라나미） 거친 물결
荒廃 （こうはい・고오하이） 황폐
荒野 （こうや・고오야） 황야, 거친 들

洗う

あらう・아라우
せん・센

씻다, 빨다

洗い浚い （あらいざらい・아라이자라이） 깡그리, 몽땅
荒い物 （あらいもの・아라이모노） 빨랫감, 세탁물
洗剤 （せんざい・센자이） 세제
洗濯 （せんたく・센따꾸） 세탁

争う
あらそう・아라소우
そう・소오

싸우다, 다투다

争い （あらそい・아라소이） 싸움, 분쟁
言い争い （いいあらそい・이이아라소이） 말다툼
争議 （そうぎ・소오기） 쟁의
戦争 （せんそう・센소오） 전쟁

改める
あらためる・아라따메루
かい・가이

고치다, 변경하다

改め （あらため・아라따메） 개선, 변경
改めて （あらためて・아라따메떼） 새삼스럽게
改革 （かいかく・가이까꾸） 개혁
改良 （かいりょう・가이료오） 개량

現れる
あらわれる・아라와레루
げん・겡

나타나다, 드러나다

現わす （あらわす・아라와스） 나타내다
現れ （あらわれ・아라와레） 나타남, 현상
現在 （げんざい・겐자이） 현재
出現 （しゅつげん・슈쓰겡） 출현

有る

ある・아루
ゆう・유우

있다

有らん限り （あらんかぎり・아랑가기리） 있는 대로 모두
有りのまま （ありのまま・아리노마마） 있는 그대로
有益 （ゆうえき・유우에끼） 유익
有名 （ゆうめい・유우메이） 유명

歩く

あるく・아루꾸
ほ・호

걷다, 산책하다

歩き （あるき・아루끼） 보행
歩き振り （あるきぶり・아루끼부리） 걸음걸이
歩道 （ほどう・호도오） 보도
歩兵 （ほへい・호헤이） 보병
散歩 （さんぽ・산뽀） 산보, 산책
進歩 （しんぽ・신뽀） 진보

泡

あわ・아와
ほう・호오

거품

泡立つ （あわだつ・아와다쓰） 거품이 일다
水の泡 （みずのあわ・미즈노아와） 수포, 물거품
泡沫 （ほうまつ・호오마쓰） 포말
氣泡 （きほう・기호오） 기포, 거품

淡い

あわい・아와이
たん・당

(빛깔·맛이) 엷다

淡海　（あわうみ・아와우미）담수호(淡水湖)
淡紅色　（あわべにいろ・아와베니이로）연분홍
淡白　（たんぱく・단빠꾸）담백
冷淡　（れいたん・레이땅）냉담

哀れ

あわれ・아와레
あい・아이

가련하다, 불쌍하다

哀れみ　（あわれみ・아와레미）동정, 연민
哀れむ　（あわれむ・아와레무）불쌍히 여기다
哀願　（あいがん・아이강）애원
哀愁　（あいしゅう・아이슈우）애수

言う

ゆう・유우
げん・겡, ごん・공

※「言」는 음독이「げん」인데,「言」이 뒤에 붙을 경우「ごん」이
　된다.

言い方　（いいかた・이이까따）말투, 말씨
言い訳　（いいわけ・이이와께）변명
言論　（げんろん・겐롱）언론
断言　（だんげん・당겡）단언
伝言　（でんごん・뎅공）전언, 전갈
遺言　（ゆいごん・유이공）유언

家
いえ・이에
か・가, や・야
집, 주택

※「家」는 음독이 까다로워 「か」도 되고 「や」도 된다.

家柄 （いえがら・이에가라） 가문, 문벌
家出 （いえで・이에데） 가출, 출가(出家)
家族 （かぞく・가조꾸） 가족, 식구
家庭 （かてい・가떼이） 가정
家賃 （やちん・야찡） 집세
空家 （あきや・아끼야） 빈집

息
いき・이끼
そく・소꾸
숨, 호흡, 숨소리

息の根 （いきのね・이끼노네） 숨통
溜息 （ためいき・다메이끼） 한숨
安息日 （あんそくじつ・안소꾸지쓰） 안식일
利息 （りそく・리소꾸） 이식, 이자(利子)

生きる
いきる・이끼루
せい・세이, しょう・쇼오
살다, 생존하다

※「生」는 음독이 「せい」도 되고 「しょう」도 되는 등 그 발음이 까다롭다.

生き物 （いきもの・이끼모노） 생물
生け捕り （いけどり・이께도리） 생포, 사로잡음
生活 （せいかつ・세이까쓰） 생활
生命 （せいめい・세이메이） 생명
生涯 （しょうがい・쇼오가이） 생애, 일생
一生 （いっしょう・잇쇼오） 일생, 평생

勇ましい 

いさましい・이사마시이
ゆう・유우

용감하다, 씩씩하다

勇み （いさみ・이사미） 용기, 용감성
勇み肌 （いさみはだ・이사미하다） 용맹스러운 기질
勇敢 （ゆうかん・유우깡） 용감
勇気 （ゆうき・유우끼） 용기

石

いし・이시
せき・세끼

돌

石垣 （いしがき・이시가끼） 돌담, 돌울타리
石ころ （いしころ・이시꼬로） 돌맹이, 잔돌
石材 （せきざい・세끼자이） 석재
石油 （せきゆ・세끼유） 석유

忙しい

いそがしい・이소가시이
ぼう・보오

바쁘다, 겨를이 없다

忙しげ （いそがしげ・이소가시게） 분주한듯한 모양
忙殺 （ぼうさつ・보오사쓰） 매우 분주함
忙中閑 （ぼうちゅうかん・보오쮸우깡） 망중한

急ぐ

いそぐ・이소구
きゅう・규우

서두르다

急ぎ （いそぎ・이소기） 급함, 화급
急ぎ足 （いそぎあし・이소기아시） 바쁜 걸음, 빠른 걸음
急行 （きゅうこう・규우꼬오） 급행
急用 （きゅうよう・규우요오） 급한 볼일

板

いた・이따
はん・항, ばん・방

판자, 널빤지

※「板」는 음독이 「はん」도 되고 「ばん」도 되며, 또한 「ぱん」도 되는 등 발음이 복잡하다.

板場 （いたば・이따바） 조리사, 숙수, 쿡
板挟み （いたばさみ・이따바사미） 진퇴양난
板刻 （はんこく・항꼬꾸） 판각
掲示板 （けいじばん・게이지방） 게시판
看板 （かんばん・간방） 간판
甲板 （かんぱん・간빵） (배의) 갑판
鉄板 （てっぱん・뎃빵） 철판

痛い

いたい・이따이
つう・쓰우

아프다

痛手 （いたで・이따데） 깊은 상처, 중상(重傷)
痛み （いたみ・이따미） 아픔, 고통
痛快 （つうかい・쓰우까이） 통쾌
苦痛 （くつう・구쓰우） 고통

頂

いただき・이따다끼
ちょう・죠오

꼭대기, 정상

山の頂 （やまのいただき・야마노이따다끼） 산꼭대기
頂上 （ちょうじょう・죠오죠오） 정상
絶頂 （ぜっちょう・젯쬬오） 절정, 클라이맥스

到る

いたる・이따루
とう・도오

이르다, 도달하다

到る処 （いたるところ・이따루도꼬로） 도처에, 가는 곳마다
到着 （とうちゃく・도오쨔꾸） 도착
殺到 （さっとう・삿또오） 쇄도

労る

いたわる・이따와루
ろう・로오

친절하게 돌보다
위로하다

労しい （いたわしい・이따와시이） 딱하다
労り （いたわり・이따와리） 위로
労使 （ろうし・로오시） 노사
労働 （ろうどう・로오도오） 노동

市

いち・이찌
し・시

시장, 장, 저자

市場 （いちば・이찌바） 시장
市街 （しがい・시가이） 시가
市長 （しちょう・시쬬오） 시장

偽る

いつわる・이쓰와루
ぎ・기

속이다, 기만하다

偽り （いつわり・이쓰와리） 거짓(말)
偽装 （ぎそう・기소오） 위장
虚偽 （きょぎ・교기） 허위

糸

いと·이또
し·시

(명주) 실

糸切り歯 （いときりば·이또끼리바） 송곳니
糸口 （いとぐち·이또구찌） 실마리, 단서
糸竹 （しちく·시찌꾸） 사죽
絹糸 （けんし·겐시） 견사, 명주실

営む

いとなむ·이또나무
えい·에이

영위하다, 경영하다

営み （いとなみ·이또나미） 영위, 경영
営業 （えいぎょう·에이교오） 영업
経営 （けいえい·게이에이） 경영

暇

いとま·이또마, ひま·히마
か·가

여가, 겨를

暇乞い （いとまごい·이또마고이） 고별
暇人 （ひまじん·히마징） 한가한 사람
休暇 （きゅうか·규우까） 휴가
余暇 （よか·요까） 여가

挑む

いどむ · 이도무
ちょう · 죠오

맞서다, 도전하다

挑み （いどみ · 이도미） 도전, 도발
挑戦 （ちょうせん · 죠오셍） 도전
挑発 （ちょうはつ · 죠오하쓰） 도발

犬

いぬ · 이누
けん · 겡

개

犬ころ （いぬころ · 이누꼬로） 강아지
犬死 （いぬじに · 이누지니） 개죽음
犬猿 （けんえん · 겡엥） 견원, 개와 원숭이
愛犬 （あいけん · 아이껭） 애견

稲

いね · 이네, いな · 이나
とう · 도오

벼

※「稲」는 훈독이 「いね」도 되고 「いな」도 된다.

稲刈り （いねがり · 이네가리） 벼베기
稲扱き （いねこき · 이네고끼） 벼훑기
稲株 （いなかぶ · 이나가부） 볏그루
稲妻 （いなずま · 이나즈마） 번개. 「稲光り（いなびかり）」라고도 한다.
稲作 （とうさく · 도오사꾸） 도작
稲熱病 （とうねつびょう · 도오네쓰뵤오） 도열병

 命

いのち・이노찌
めい・메이

목숨, 생명

命懸け （いのちがけ・이노찌가께） 결사적, 필사적
命拾い （いのちびろい・이노찌비로이） 구사일생
命令 （めいれい・메이레이） 명령
任命 （にんめい・닌메이） 임명

 祈る

いのる・이노루
き・기

빌다, 기원하다

祈り （いのり・이노리） 기도, 기원
祈り事 （いのりごと・이노리고또） 비는 내용
祈願 （きがん・기강） 기원
祈祷 （きとう・기또오） 기도

今

いま・이마
こん・공

지금, 현재

今更 （いまさら・이마사라） 이제와서
今し方 （いましがた・이마시가따） 방금, 이제 막
今月 （こんげつ・공게쓰） 이 달
今晩 （こんばん・곤방） 오늘밤

戒め　いましめ・이마시메　かい・가이　　훈계, 교훈

戒める （いましめる・이마시메루） 타이르다, 꾸짖다
戒律 （かいりつ・가이리쓰） 계율
警戒 （けいかい・게이까이） 경계

厭　いや・이야　えん・엥　　싫음, 하고 싶지 않음

厭気 （いやき・이야끼） 싫증, 싫은 마음
厭味 （いやみ・이야미） 남에게 불쾌감을 주는 말이나 행동
厭世 （えんせい・엔세이） 염세
嫌厭 （けんえん・겡엥） 혐염

要る　いる・이루　よう・요오　　필요하다, 소용되다

要らない （いらない・이라나이） 필요치 않다
要求 （ようきゅう・요오뀨우） 요구
必要 （ひつよう・히쓰요오） 필요

入れる　いれる・이레루 / にゅう・뉴우

넣다, 들어가게 하다

入れ歯　（いれば・이레바）　틀니
入れ物　（いれもの・이레모노）　그릇, 용기
入場　（にゅうじょう・뉴우죠오）　입장
出入　（しゅつにゅう・슈쓰뉴우）　출입

色　いろ・이로 / しょく・쇼꾸, しき・시끼

색, 빛, 빛깔

※「色」또한 음독이 「しょく」도 되고 「しき」도 되는 등 까다롭다.

色色　（いろいろ・이로이로）　여러 가지, 가지각색
色眼鏡　（いろめがね・이로메가네）　색안경
好色　（こうしょく・고오쇼꾸）　호색
色彩　（しきさい・시끼사이）　색채

彩る　いろどる・이로도루 / さい・사이

색칠하다, 채색하다

彩り　（いろどり・이로도리）　채색
彩色　（さいしき・사이시끼）　채색
光彩　（こうさい・고오사이）　광채

岩
いわ·이와
がん·강

바위, 암석

岩間 （いわま·이와마） 바위틈
岩山 （いわやま·이와야마） 바위산
岩石 （がんせき·간세끼） 암석
奇岩 （きがん·기강） 기암

祝う
いわう·이와우
しゅく·슈꾸

축하하다, 축복하다

祝い （いわい·이와이） 축하, 축복
祝い酒 （いわいざけ·이와이자께） 축하술
祝祭 （しゅくさい·슈꾸사이） 축제
祝電 （しゅくでん·슈꾸뎅） 축전

上
うえ·우에, うわ·우와
じょう·죠오

위, 부근, 가

※「上」는 훈독이 「うえ」도 되고 「うわ」도 된다.

上越し （うえこし·우에꼬시） 상회(上廻)
上下 （うえした·우에시따） 상하, 위와 아래
上着 （うわぎ·우와기） 겉옷
上辺 （うわべ·우와베） 겉, 표면, 외관
上京 （じょうきょう·죠오꾜오） 상경
海上 （かいじょう·가이죠오） 해상

植える

うえる・우에루
しょく・쇼꾸

(초목을)심다

植木鉢 （うえきばち・우에끼바찌） 화분
植え付け （うえつけ・우에쓰께） 이식(移植)
植物 （しょくぶつ・쇼꾸부쓰） 식물
植民地 （しょくみんち・쇼꾸민찌） 식민지

魚

うお・우오
ぎょ・교

물고기

※「魚」는 「물고기」를 가리킬 때는 「うお」라고 하고 「생선」을 뜻
할 때는 「さかな」가 된다.

魚市場 （うおいちば・우오이찌바） 어시장
魚の目 （うおのめ・우오노메） 티눈
魚汁 （さかなじる・사까나지루） 생선국물
魚屋 （さかなや・사까나야） 생선가게, 생선장사
魚類 （ぎょるい・교루이） 어류
金魚 （きんぎょ・깅교） 금붕어

浮かぶ

うかぶ・우까부
ふ・후

뜨다, 떠오르다

浮べる （うかべる・우까베루） 띄우다
浮き雲 （うきぐも・우끼구모） 뜬구름
浮沈 （ふちん・후찡） 부침
浮力 （ふりょく・후료꾸） 부력

受ける　うける · 우께루　じゅ · 쥬　　받다, 받아들이다

受付　（うけつけ · 우께쓰께）　접수, 접수처
受持ち　（うけもち · 우께모찌）　담당, 담당자
受賞　（じゅしょう · 쥬쇼오）　수상
享受　（きょうじゅ · 교오쥬）　향수, 받아들여 누림

動く　うごく · 우고꾸　どう · 도오　　움직이다

動かす　（うごかす · 우고까스）　움직이게 하다
動き　（うごき · 우고끼）　움직임, 동정(動靜)
動物　（どうぶつ · 도오부쓰）　동물
活動　（かつどう · 가쓰도오）　활동

兎　うさぎ · 우사기　と · 도　　토끼

兎狩り　（うさぎがり · 우사기가리）　토끼사냥
兎馬　（うさぎうま · 우사기우마）　당나귀의 딴이름
兎唇　（としん · 도싱）　토순, 언청이
脱兎　（だっと · 닷또）　탈토, 도망치는 토끼

牛

うし・우시
ぎゅう・규우　　　　　소

牛追い （うしおい・우시오이） 소몰이
牛飼い （うしがい・우시가이） 소를 치는 사람
牛肉 （ぎゅうにく・규우니꾸） 쇠고기
牛乳 （ぎゅうにゅう・규우뉴우） 우유

失う

うしなう・우시나우
しつ・시쓰　　　　　잃다, 잃어버리다

失い （うしない・우시나이） 분실
失い物 （うしないもの・우시나이모노） 분실물
失礼 （しつれい・시쓰레이） 실례
損失 （そんしつ・손시쓰） 손실
失敗 （しっぱい・싯빠이） 실패

後ろ

うしろ・우시로
こう・고오　　　　　뒤, 뒤쪽, 배후

後ろ暗い （うしろぐらい・우시로구라이） 떳떳치 못하다
後ろ向き （うしろむき・우시로무끼） 등을 돌림
後悔 （こうかい・고오까이） 후회
後世 （こうせい・고오세이） 후세

薄い

うすい・우스이
はく・하꾸

얇다

薄板 （うすいた・우스이따） 얇은 판자
薄薄 （うすうす・우스우스） 어렴풋이나마
薄情 （はくじょう・하꾸죠오） 박정함
軽薄 （けいはく・게이하꾸） 경박

埋める

うずめる・우즈메루
まい・마이

파묻다, 매장하다

埋まる （うずまる・우즈마루） 파묻히다
生き埋め （いきうめ・이끼우메） 생매장
埋蔵 （まいぞう・마이조오） 매장
埋没 （まいぼつ・마이보쓰） 매몰

歌

うた・우따
か・가

노래, 「唄」라고도 씀

歌い手 （うたいて・우따이떼） 노래하는 사람
歌い文句 （うたいもんく・우따이몽꾸） 표어, 캐치프레이즈
歌謡 （かよう・가요오） 가요
唱歌 （しょうか・쇼오까） 창가
子守唄 （こもりうた・고모리우따） 자장가

疑う
うたがう・우따가우
ぎ・기
의심하다

疑い （うたがい・우따가이） 의심
疑わしい （うたがわしい・우따가와시이） 의심스럽다
疑問 （ぎもん・기몽） 의문
疑惑 （ぎわく・기와꾸） 의혹

内
うち・우찌
ない・나이
안, 속, 내부

内側 （うちがわ・우찌가와） 안쪽, 내면
内気 （うちき・우찌끼） 내성적임
内科 （ないか・나이까） 내과
内容 （ないよう・나이요오） 내용

打つ
うつ・우쓰
だ・다
치다, 두드리다

打ち消す （うちけす・우찌게스） 부정하다
打ち立てる （うちたてる・우찌다떼루） 수립하다
打倒 （だとう・다또오） 타도
乱打 （らんだ・란다） 난타

美しい

うつくしい・우쓰꾸시이
び・비

아름답다, 곱다

美しさ （うつくしさ・우쓰꾸시사） 아름다움
美女 （びじょ・비죠） 미녀
美貌 （びぼう・비보오） 미모

写す

うつす・우쓰스
しゃ・샤

베끼다, 찍다

写し絵 （うつしえ・우쓰시에） 베낀 그림
生き写し （いきうつし・이끼우쓰시） 꼭 닮음, 빼닮음
写真 （しゃしん・샤싱） 사진
複写 （ふくしゃ・후꾸샤） 복사

移る

うつる・우쓰루
い・이

옮기다, 이동하다

移す （うつす・우쓰스） 옮기다
移り気 （うつりぎ・우쓰리기） 변덕, 들뜬 마음
移植 （いしょく・이쇼꾸） 이식
移動 （いどう・이도오） 이동

腕

うで·우데, かいな·가이나
わん·왕　　　　　　　팔, 솜씨

※「腕」는 훈독이 「うで」도 되고, 「かいな」도 된다.

腕時計 （うでどけい·우데도께이） 손목시계
腕前 （うでまえ·우데마에） 솜씨, 기량
腕白 （わんぱく·완빠꾸） 개구쟁이
鉄腕 （てつわん·데쓰왕） 철완, 무쇠 같은 팔

促す

うながす·우나가스
そく·소꾸　　　　　　촉구하다, 독촉하다

促し （うながし·우나가시） 촉구, 독촉
促進 （そくしん·소꾸싱） 촉진
催促 （さいそく·사이소꾸） 독촉

奪う

うばう·우바우
だつ·다쓰　　　　　　빼앗다

奪われる （うばわれる·우바와레루） 빼앗기다
奪還 （だっかん·닷깡） 탈환
争奪 （そうだつ·소오다쓰） 쟁탈

馬

うま・우마
ば・바, ま・마　　　　말

※「馬」는 음독이 「ば」도 되고, 「ま」도 된다. 다음 같은 경우이다.

馬面 （うまづら・우마즈라） 말상, 긴 얼굴
馬乗り （うまのり・우마노리） 승마, 말타기
馬車 （ばしゃ・바샤） 마차
乗馬 （じょうば・죠오바） 승마
馬子 （まご・마고） 마부(馬夫)

海

うみ・우미
かい・가이　　　　바다

海千山千 （うみせんやません・우미셍야마셍） 산전수전 다 겪은 사람
海辺 （うみべ・우미베） 해변, 바닷가
海岸 （かいがん・가이강） 해안
航海 （こうかい・고오까이） 항해

梅

うめ・우메
ばい・바이　　　　매화나무

梅が枝 （うめがえ・우메가에） 매화나뭇가지
梅干 （うめぼし・우메보시） 매실장아찌
梅雨 （ばいう・바이우） 장마
梅花 （ばいか・바이까） 매화꽃

裏

うら・우라
り・리

뒤, 뒷면, 뒤쪽

裏表 （うらおもて・우라오모떼） 안팎, 안과 겉
裏切り （うらぎり・우라기리） 배반, 배신
裏面 （りめん・리멩） 이면
脳裏 （のうり・노오리） 뇌리

占う

うらなう・우라나우
せん・셍

점치다

占い （うらない・우라나이） 점, 점장이
占い者 （うらないしゃ・우라나이샤） 점을 치는 사람
占領 （せんりょう・센료오） 점령
独占 （どくせん・도꾸셍） 독점

売る

うる・우루
ばい・바이

팔다

売り子 （うりこ・우리꼬） 판매원
売り場 （うりば・우리바） 매장, 매표소
売店 （ばいてん・바이뗑） 매점
販売 （はんばい・한바이） 판매

熟れる
うれる・우레루
じゅく・쥬꾸

（과일 따위가）
익다, 영글다

熟れ柿 （うれがき・우레가끼） 연시
熟練 （じゅくれん・쥬꾸렝） 숙련
成熟 （せいじゅく・세이쥬꾸） 성숙

鱗
うろこ・우로꼬
りん・링

（물고기 등의） 비늘

鱗雲 （うろこぐも・우로꼬구모） 비늘구름
魚鱗 （ぎょりん・교링） 물고기의 비늘
片鱗 （へんりん・헨링） 편린

絵
え・에
かい・가이

그림, 「画」라고도 함

絵描き （えかき・에가끼） 직업적인 화가. 「画描き」라고도 함
絵本 （えほん・에홍） 그림책
絵画 （かいが・가이가） 회화

描く 
えがく・에가꾸
びょう・뵤오

그리다

描き （えがき・에가끼） 묘사
描き出す （えがきだす・에가끼다스） 그려내다
描写 （びょうしゃ・뵤오샤） 묘사
素描 （そびょう・소뵤오） 소묘, 데셍

枝
えだ・에다
し・시

나뭇가지

枝振り （えだぶり・에다부리） 가지의 모양
枝道 （えだみち・에다미찌） 지로(支路), 샛길
枝葉 （しよう・시요오） 지엽, 중요치 않은 일
枝流 （しりゅう・시류우） 지류

偉い
えらい・에라이
い・이

훌륭하다, 위대하다

偉物 （えらぶつ・에라부쓰） 뛰어난 사람
偉ぶる （えらぶる・에라부루） 난 체 하다
偉大 （いだい・이다이） 위대함
偉人 （いじん・이징） 위인, 위대한 사람

選ぶ

えらぶ・에라부
せん・셍

고르다, 뽑다

選り好み （えりごのみ・에리고노미） 좋아하는 것만을 취함
選り抜き （えりぬき・에리누끼） 가려뽑음, 뽑아냄
選挙 （せんきょ・셍꾜） 선거
選択 （せんたく・센따꾸） 선택

襟

えり・에리
きん・깅

목덜미, 옷깃, 칼라

襟飾り （えりかざり・에리가자리） 양복 깃에 다는 장식
襟巻き （えりまき・에리마끼） 목도리
襟度 （きんど・긴도） 넓은 도량
開襟 （かいきん・가이낑） 깃을 세워 젖힘, 노타이

尾

お・오
び・비

(동물의) 꼬리

犬の尾 （いぬのお・이누노오） 개꼬리
尾行 （びこう・비꼬오） 미행
交尾 （こうび・고오비） 교미

老いる おいる・오이루 / ろう・로오

늙다, 늙어빠지다

老い先 （おいさき・오이사끼） (노인의) 여생
老いぼれ （おいぼれ・오이보레） 늙은이
老朽 （ろうきゅう・로우뀨우） 노후
老人 （ろうじん・로오징） 노인

追う おう・오우 / つい・쓰이

좇다, 뒤따르다

追い越し （おいこし・오이꼬시） 앞지르기
追い付く （おいつく・오이쓰꾸） 따라붙다, 따라잡다
追求 （ついきゅう・쓰이뀨우） 추구
追放 （ついほう・쓰이호오） 추방

扇 おうぎ・오오기 / せん・셍

쥐는 부채

扇形 （おうぎがた・오오기가따） 부채꼴
扇子 （せんす・센스） 접는 부채
扇風機 （せんぷうき・셈뿌우끼） 선풍기

多い　おおい・오오이
た・다

많다

多かれ少なかれ （おおかれすくなかれ・오오까레스꾸나까레） 많든 적든
多くとも （おおくとも・오오꾸또모） 많아봤자
多少 （たしょう・다쇼오） 다소
多量 （たりょう・다료오） 다량

覆う　おおう・오오우
ふく・후꾸

덮다, 가리다

覆い （おおい・오오이） 덮개, 씌우개
覆い隠す （おおいかくす・오오이가꾸스） 덮어가리다
覆面 （ふくめん・후꾸멩） 복면
顚覆 （てんぷく・덴뿌꾸） 전복

大きい　おおきい・오오끼이
だい・다이, たい・다이

크다

※「大」는 음독이 「だい」도 되고 그냥 「たい」도 된다.

大口 （おおぐち・오오구찌） 큰 소리, 호언장담
大勢 （おおぜい・오오제이） 많은 사람
大学 （だいがく・다이가꾸） 대학
大部分 （だいぶぶん・다이부붕） 대부분
大衆 （たいしゅう・다이슈우） 대중
大切 （たいせつ・다이세쓰） 중요함, 귀중함

公

おおやけ · 오오야께
こう · 고오

공적인 것, 공공, 공정함

公心 （おおやけごころ · 오오야께고꼬로） 공평한 마음
公沙汰 （おおやけざた · 오오야께자따） 일이 탄로남
公正 （こうせい · 고오세이） 공정
公立 （こうりつ · 고오리쓰） 공립

丘

おか · 오까
きゅう · 규우

언덕, 구릉(丘陵).「岡(お
か）」라고도 씀

丘道 （おかみち · 오까미찌） 언덕길
丘陵 （きゅうりょう · 규우료오） 구릉
砂丘 （さきゅう · 사뀨우） 사구, 모래언덕

拝む

おがむ · 오가무
はい · 하이

손모아 절하다

拝み （おがみ · 오가미） 배례
拝み手 （おがみて · 오가미떼） 비는 손
拝礼 （はいらい · 하이라이） 배례
崇拝 （すうはい · 스우하이） 숭배

補う
おぎなう · 오기나우
ほ · 호

(부족을) 보충하다

補い （おぎない · 오기나이） 보충, 벌충
補修 （ほしゅう · 호슈우） 보수
候補 （こうほ · 고오호） 후보

起きる
おきる · 오끼루
き · 기

일어나다, 바로서다

起こす （おこす · 오꼬스） 일으키다, 깨우다
起こる （おこる · 오꼬루） 일어나다, 발생하다
起床 （きしょう · 기쇼오） 기상
起立 （きりつ · 기리쓰） 기립

奥
おく · 오꾸
おう · 오오

안, 깊숙한 곳

奥地 （おくち · 오꾸찌） 두메, 깊숙한 곳
奥歯 （おくば · 오꾸바） 어금니
奥義 （おうぎ · 오오기） 오의, 비결
深奥 （しんおう · 싱오오） 심오

置く
おく・오꾸
ち・지

두다, 놓다

置時計 （おきどけい・오끼도께이） 탁상시계
物置 （ものおき・모노오끼） 광, 헛간
処置 （しょち・쇼찌） 처치
配置 （はいち・하이찌） 배치

送る
おくる・오꾸루
そう・소오

보내다, 부치다

送り状 （おくりじょう・오꾸리죠오） 운송장, 송장(送状)
送り手 （おくりて・오꾸리떼） 보내는 사람
送金 （そうきん・소오낑） 송금
輸送 （ゆそう・유소오） 수송

怠る
おこたる・오꼬따루
たい・다이

게으름피우다, 태만히 하다

怠り （おこたり・오꼬따리） 게으름, 태만
怠慢 （たいまん・다이망） 태만
倦怠期 （けんたいき・겐따이끼） 권태기

行う

おこなう・오꼬나우
こう・고오, ぎょう・교오 　　(일을) 하다, 행하다

※「行」는 음독이 「こう」도 되고, 「ぎょう」도 되는 등 헷갈리기 쉬운 만큼 제대로 익혀야 한다.

行い（おこない・오꼬나이）행실, 행동
行われる（おこなわれる・오꼬나와레루）행하여지다
行動（こうどう・고오도오）행동
通行（つうこう・쓰우꼬오）통행
行政（ぎょうせい・교오세이）행정
興行（こうぎょう・고오교오）흥행

怒る

おこる・오꼬루
ど・도 　　화내다, 성내다

怒り（おこり・오꼬리）노여움, 분노
怒りっぽい（おこりっぽい・오꼬릿뽀이）화를 잘 내다
怒濤（どとう・도또오）노도, 성난 파도
激怒（げきど・게끼도）격노

幼い

おさない・오사나이
よう・요오 　　어리다, 미숙하다

幼心（おさなごころ・오사나고꼬로）어린 마음, 동심
幼馴染み（おさななじみ・오사나나지미）어렸을 때 친한 사이
幼年期（ようねんき・요오넹끼）유년기
幼稚園（ようちえん・요오찌엥）유치원

納める 

おさめる・오사메루
のう・노오 とう・도오

거두다, 바치다

※「出納」는 당연히「しゅつのう」라고 생각할 테지만 엉뚱하게「すいとう」가 된다.

納め (おさめ・오사메) 납부, 끝
納まる (おさまる・오사마루) 납부되다, 끝나다
納期 (のうき・노오끼) 납기
納税 (のうぜい・노오제이) 납세
出納 (すいとう・스이또오) 출납

治める

おさめる・오사메루
ち・지, じ・지

다스리다, 수습하다

※「治」는 음독이「ち」도 되고,「じ」도 된다. 다음 같은 경우이다.

治め (おさめ・오사메) 다스림
治世 (ちせい・지세이) 치세
治療 (ちりょう・지료오) 치료
根治 (こんじ・곤지) 근치
退治 (たいじ・다이지) 퇴치

教える

おしえる・오시에루
きょう・교오

가르치다

教え (おしえ・오시에) 가르침
教え子 (おしえご・오시에고) 제자(弟子)
教育 (きょういく・교오이꾸) 교육
教訓 (きょうくん・교오꿍) 교훈

雄

おす・오스
ゆう・유우

수컷

雄犬 （おすいぬ・오스이누） 수캐
雄大 （ゆうだい・유우다이） 웅대
英雄 （えいゆう・에이유우） 영웅

押す

おす・오스
おう・오오

밀다, 누르다

押し出し （おしだし・오시다시） 밀어냄, 풍채(風采)
押し付け （おしつけ・오시쓰께） 억누름, 강요
押収 （おうしゅう・오오슈우） 압수
押送 （おうそう・오오소오） 압송

遅い

おそい・오소이
ち・지

느리다, 더디다

遅かれ早かれ （おそかれはやかれ・오소까레하야까레） 조만간
遅咲き （おそざき・오소자끼） 철늦게 핌
遅延 （ちえん・지엥） 지연
遅刻 （ちこく・지꼬꾸） 지각

襲う
おそう・오소우
しゅう・슈우

습격하다, 덮치다

襲い （おそい・오소이） 습격, 기습
襲撃 （しゅうげき・슈우게끼） 습격
奇襲 （きしゅう・기슈우） 기습

恐れる
おそれる・오소레루
きょう・교오

두려워하다, 겁내다

恐る恐る （おそるおそる・오소루오소루） 잔뜩 겁먹으면서
恐るべき （おそるべき・오소루베끼） 무서운, 가공할
恐喝 （きょうかつ・교오까쓰） 공갈
恐怖 （きょうふ・교오후） 공포

落ちる
おちる・오찌루
らく・라꾸

떨어지다

落ち着き （おちつき・오찌쓰끼） 침착성
落ち葉 （おちば・오찌바） 낙엽
落書 （らくがき・라꾸가끼） 낙서
落下傘 （らっかさん・랏까상） 낙하산

夫

おっと・옷또
ふ・후

남편

夫自慢 （おっとじまん・옷또지망) 남편자랑
夫人 （ふじん・후징) 부인
夫婦 （ふうふ・후우후) 부부

音

おと・오또, ね・네
おん・옹, いん・잉

소리

※「음」는 훈독과 음독이 모두 까다로운 단어로서 초보자로서는 헷
갈리기 십상이다. 즉, 훈독이「おと」도 되고「ね」도 되며, 음독은
「おん」도 되고「いん」도 되기 때문이다.

音沙汰 （おとさた・오또사따) 소식, 편지
足音 （あしおと・아시오또) 발소리
本音 （ほんね・혼네) 본심
弱音 （よわね・요와네) 나약한 말, 못난 소리
音楽 （おんがく・옹가꾸) 음악
発音 （はつおん・하쓰옹) 발음
福音 （ふくいん・후꾸잉) 복음

男

おとこ · <u>오또꼬</u>
だん · 당

사나이, 남자

男一匹 （おとこいっぴき · 오또꼬잇삐끼） 사내대장부
男やもめ （おとこやもめ · 오또꼬야모메） 홀아비
男性 （だんせい · 단세이） 남성
男女 （だんじょ · 단죠） 남녀

訪れる

おとずれる · 오또즈레루
ほう · 호오

방문하다, 찾다

訪れ （おとずれ · 오또즈레） 방문
訪問 （ほうもん · 호오몽） 방문
来訪 （らいほう · 라이호오） 내방

踊り

おどり · 오도리
よう · 요오

춤, 무용

踊り子 （おどりこ · 오도리꼬） 무희, 춤추는 소녀
踊り場 （おどりば · 오도리바） 무도장
舞踊 （ぶよう · 부요오） 무용

躍る
おどる · 오도루
やく · 야꾸

펄쩍 뛰다,
뛰어오르다

躍り上がる （おどりあがる · 오도리아가루） 벌떡 일어나다
躍り込む （おどりこむ · 오도리꼬무） 뛰어들다
躍動 （やくどう · 야꾸도오） 약동
活躍 （かつやく · 가쓰야꾸） 활약

衰える
おとろえる · 오또로에루
すい · 스이

쇠약해지다, 쇠퇴하다

衰え （おとろえ · 오또로에） 쇠약, 쇠퇴
衰弱 （すいじゃく · 스이쟈꾸） 쇠약
老衰 （ろうすい · 로오스이） 노쇠

驚く
おどろく · 오도로꾸
きょう · 교오

놀라다

驚かす （おどろかす · 오도로까스） 놀라게 하다
驚き （おどろき · 오도로끼） 놀라움, 경악
驚異 （きょうい · 교오이） 경이
驚愕 （きょうがく · 교오가꾸） 경악

同じ

おなじ・오나지
どう・도오

같음, 동일함

同じく （おなじく・오나지꾸） 같이
同じくは （おなじくは・오나지꾸와） 같은 값이면
同時 （どうじ・도오지） 동시
一同 （いちどう・이찌도오） 일동

鬼

おに・오니
き・기

귀신, 도깨비

鬼ごっこ （おにごっこ・오니곳꼬） 술래잡기
鬼火 （おにび・오니비） 도깨비불
鬼才 （きさい・기사이） 귀재
吸血鬼 （きゅうけつき・규우께쓰끼） 흡혈귀

帯

おび・오비
たい・다이

띠, 가는 끈

帯革 （おびかわ・오비가와） 혁대, 가죽띠
帯ドラマ （おびドラマ・오비도라마） 일일연속극
帯剣 （たいけん・다이껭） 대검
熱帯 （ねったい・넷따이） 열대

覚える　おぼえる · 오보에루　　기억하다, 외우다
かく · 가꾸　　느끼다

覚え書き （おぼえがき · 오보에가끼） 메모, 비망록
覚えず （おぼえず · 오보에즈） 무의식중에
覚悟 （かくご · 가꾸고） 각오
感覚 （かんかく · 강까꾸） 감각

溺れる　おぼれる · 오보레루
でき · 데끼　　（물에） 빠지다

溺れ死に （おぼれじに · 오보레지니） 익사, 물에 빠져죽음
溺れ谷 （おぼれだに · 오보레다니） 쑥 빠진 골짜기
溺愛 （できあい · 데끼아이） 맹목적인 사랑
耽溺 （たんでき · 단데끼） 탐닉

重い　おもい · 오모이
じゅう · 쥬우　　무겁다, 중하다

重荷 （おもに · 오모니） 무거운 짐
重み （おもみ · 오모미） 무게, 중량(重量)
重大 （じゅうだい · 쥬우다이） 중대
重要 （じゅうよう · 쥬우요오） 중요

思う

おもう・오모우
し・시

생각하다, 회상하다

思い出 （おもいで・오모이데） 추억
思いやり （おもいやり・오모이야리） 동정심
思想 （しそう・시소오） 사상
思慕 （しぼ・시보） 사모

表

おもて・오모떼
ひょう・효오

표면, 겉, 거죽

表向き （おもてむき・오모떼무끼） 표면상
表門 （おもてもん・오모떼몽） 대문, 정문
表現 （ひょうげん・효오겡） 표현
表面 （ひょうめん・효오멩） 표면
発表 （はっぴょう・핫뾰오） 발표

面

おもて・오모떼, つら・쓰라
めん・멩

얼굴, 안면(顔面)

※ 「面」는 훈독이 「おもて」도 되고 「つら」도 된다.

面影 （おもかげ・오모가게） 모습
面立ち （おもだち・오모다찌） 용모, 생김새
面構え （つらがまえ・쓰라가마에） 상판, 고약한 얼굴
面の皮 （つらのかわ・쓰라노가와） 낯짝, 낯가죽
面会 （めんかい・멩까이） 면회
仮面 （かめん・가멩） 가면, 탈

親

おや · 오야
しん · 싱

어버이, 부모

親孝行 （おやこうこう · 오야고오꼬오） 효도
親指 （おやゆび · 오야유비） 엄지손가락
親切 （しんせつ · 신세쓰） 친절
親類 （しんるい · 신루이） 친척, 일가

及ぶ

およぶ · 오요부
きゅう · 규우

미치다, 이르다

及ばすながら （およばすながら · 오요바즈나가라） 미흡하지만
及ぼす （およぼす · 오요보스） 미치게 하다
及第 （きゅうだい · 규우다이） 급제
波及 （はきゅう · 하뀨우） 파급

降りる

おりる · 오리루
こう · 고오

내리다, 내려오(가)다

降り口 （おりぐち · 오리구찌） 출구, 통로
降ろす （おろす · 오로스） 내리다, 내려주다
降下 （こうか · 고오까） 강하
降参 （こうさん · 고오상） 항복(降伏)

折る
おる・오루
せつ・세쓰

구부리다, 접다, 꺾다

折り込む （おりこむ・오리꼬무） 안으로 접어넣다
折り目 （おりめ・오리메） 접은 금(자죽)
骨折 （こっせつ・곳세쓰） 골절
夭折 （ようせつ・요오세쓰） 요절, 일찍 죽음

愚か
おろか・오로까
ぐ・구

어리석음, 우둔함

愚か頭 （おろかあたま・오로까아따마） 우둔한 머리
愚かしい （おろかしい・오로까시이） 바보스럽다, 어리석다
愚鈍 （ぐどん・구동） 우둔함
愚昧 （ぐまい・구마이） 우매함

終わる
おわる・오와루
しゅう・슈우

끝나다, 종료되다

終り （おわり・오와리） 끝, 마지막
終点 （しゅうてん・슈우뗑） 종점
終末 （しゅうまつ・슈우마쓰） 종말

女

おんな・온나
じょ・죠, にょ・뇨

여자, 여성

女心 （おんなごころ・온나고꼬로） 여심, 여자의 마음

女盛り （おんなざかり・온나자까리） 여자로서 한창인 때

女王 （じょおう・죠오오） 여왕

女性 （じょせい・죠세이） 여성

女人 （にょにん・뇨닝） 여인

仙女 （せんにょ・센뇨） 선녀

天女 （てんにょ・덴뇨） 천녀

買う
かう・가우
ばい・바이

사다

買い切れ (かいきれ・가이끼레) 매절, 몽땅 사버림
買い物 (かいもの・가이모노) 쇼핑, 장보기
買収 (ばいしゅう・바이슈우) 매수
購買 (こうばい・고오바이) 구매

飼う
かう・가우
し・시

기르다, 사육하다

飼い犬 (かいいぬ・가이이누) 집에서 기르는 개
飼い葉 (かいば・가이바) 꼴
飼育 (しいく・시이꾸) 사육
飼料 (しりょう・시료오) 사료, 먹이

返す
かえす・가에스
へん・헹

되돌리다

返し (かえし・가에시) 반환, 돌려줌
返り咲き (かえりざき・가에리자끼) 제철이 아닌데 꽃이 핌
返事 (へんじ・헨지) 대답, 답변
返品 (へんぴん・헨삥) 반품

帰る
かえる · 가에루
き · 기

돌아가다, 돌아오다

帰りがけ (かえりがけ · 가에리가께) 돌아오는 길
帰り道 (かえりみち · 가에리미찌) 귀로
帰国 (きこく · 기꼬꾸) 귀국
復帰 (ふっき · 훗끼) 복귀

変える
かえる · 가에루
へん · 헹

바꾸다, 변화시키다

変り者 (かわりもの · 가와리모노) 괴짜, 기인(奇人)
変わる (かわる · 가와루) 바뀌다
変更 (へんこう · 헹꼬오) 변경
激変 (げきへん · 게끼헹) 격변

顔
かお · 가오
がん · 강

얼굴, 낯

顔付き (かおつき · 가오쓰끼) 얼굴생김
顔馴染み (かおなじみ · 가오나지미) 낯익은 사이
顔面 (がんめん · 간멩) 안면
童顔 (どうがん · 도오강) 동안

抱える　かかえる・가까에루
ほう・호오
안다, 부둥켜들다

抱え （かかえ · 가까에） 고용, 데리고 있음
抱え込む （かかえこむ · 가까에꼬무） 껴안다
抱負 （ほうふ · 호오후） 포부
抱擁 （ほうよう · 호오요오） 포옹

鏡　かがみ・가가미
きょう・교오
거울

鏡石 （かがみいし · 가가미이시） 겉이 반질반질하고 윤이 나는 돌
鏡板 （かがみいた · 가가미이따） 문이나 천장에 끼우는 큰 널빤지
鏡台 （きょうだい · 교오다이） 경대
望遠鏡 （ぼうえんきょう · 보오엥꾜오） 망원경

屈む　かがむ・가가무
くつ・구쓰
구부러지다, 굽히다

屈める （かがめる · 가가메루） 구부리다, 굽히다
屈辱 （くつじょく · 구쓰죠꾸） 굴욕
退屈 （たいくつ · 다이꾸쓰） 지루함, 무료함
屈折 （くっせつ · 굿세쓰） 굴절

輝く
かがやく・가가야꾸
き・기

눈부시게 빛나다

輝かす（かがやかす・가가야까스）빛내다
輝き（かがやき・가가야끼）빛남
輝石（きせき・기세끼）휘석
光輝（こうき・고오끼）광휘

係
かかり・가까리
けい・게이

담당, 계, 계원

係員（かかりいん・가까리잉）계원
係長（かかりちょう・가까리쬬오）계장
係累（けいるい・게이루이）계루
関係（かんけい・강께이）관계

書く
かく・가꾸
しょ・쇼

(글을) 쓰다

書き入れる（かきいれる・가끼이레루）써넣다
書き取り（かきとり・가끼도리）받아쓰기
書斎（しょさい・쇼사이）서재
書店（しょてん・쇼뗑）서점, 책방

隠れる

かくれる・가꾸레루
いん・잉

숨다

隠す （かくす・가꾸스） 숨기다
隠れん坊 （かくれんぼう・가꾸렌보오） 숨바꼭질
隠匿 （いんとく・인또꾸） 은닉
陰遁 （いんとん・인똥） 은둔

影

かげ・가게
えい・에이

그림자, 자취

影絵 （かげえ・가게에） 그림자 놀이, 실루엣
影法師 （かげぼうし・가게보오시） 사람의 그림자
影響 （えいきょう・에이꾜오） 영향
幻影 （げんえい・겡에이） 환영

陰

かげ・가게
いん・잉

그늘, 뒤

陰口 （かげぐち・가게구찌） (뒤에서 하는) 험담
陰日向 （かげひなた・가게히나따） 음지와 양지
陰性 （いんせい・인세이） 음성
光陰 （こういん・고오잉） 광음

崖

がけ・가께
がい・가이

벼랑, 낭떠러지

崖下 (がけした・가께시따) 벼랑 밑
崖道 (がけみち・가께미찌) 벼랑길
断崖 (だんがい・당가이) 단애, 낭떠러지

欠ける

かける・가께루
けつ・게쓰

이지러지다, 빠지다

欠け目 (かけめ・가께메) 불완전한 부분, 결점
欠乏 (けつぼう・게쓰보오) 결핍
欠席 (けっせき・겟세끼) 결석

籠

かご・가고
ちょう・죠오

바구니, 망태기

籠の鳥 (かごのとり・가고노도리) 새장에 갇힌 새
花籠 (はなかご・하나가고) 꽃바구니
寵愛 (ちょうあい・죠오아이) 총애

囲む
かこむ · 가꼬무
い · 이

둘러싸다, 포위하다

囲い者 (かこいもの · 가꼬이모노) 딴 살림을 내준 첩
囲み (かこみ · 가꼬미) 포위망
周囲 (しゅうい · 슈우이) 주위
包囲 (ほうい · 호오이) 포위

傘
かさ · 가사
さん · 상

우산, 양산

傘踊り (かさおどり · 가사오도리) 우산춤
雨傘 (あまがさ · 아마가사) 우산
傘下 (さんか · 상까) 산하
落下傘 (らっかさん · 랏까상) 낙하산

飾る
かざる · 가자루
しょく · 쇼꾸

장식하다, 꾸미다

飾り立て (かざりたて · 가자리다떼) 성장(盛裝)
飾り物 (かざりもの · 가자리모노) 장식물, 장식품
装飾 (そうしょく · 소오쇼꾸) 장식
粉飾 (ふんしょく · 훈쇼꾸) 분식

貸す

かす・가스
たい・다이

빌려주다, 꾸어주다

貸し出し (かしだし・가시다시) 대출, 대여
貸家 (かしや・가시야) 셋집, 빌린 집
貸借 (たいしゃく・다이샤꾸) 대차
貸与 (たいよ・다이요) 대여, 빌려줌

数

かず・가즈
すう・스우

수

※「수를 헤아리다」할 때는 「数える(かぞえる)」라고 한다.

数数 (かずかず・가즈가즈) 다수, 여러 가지
数の子 (かずのこ・가즈노꼬) 말린 청어알
数学 (すうがく・스우가꾸) 수학
数字 (すうじ・스우지) 숫자

風

かぜ・가제, かざ・가자
ふう・후우

바람, 태도

※「風」는 통상 훈독이 「かぜ」가 되는데, 「風」가 앞에 오는 단어일
때 발음이 엉뚱한 「かざ」가 되기도 한다.

風当たり (かぜあたり・가제아따리) 바람맞이
秋風 (あきかぜ・아끼가제) 가을바람
風車 (かざぐるま・가자구루마) 풍차, 팔랑개비
風向き (かざむき・가자무끼) 풍향, 바람의 방향
風俗 (ふうぞく・후우조꾸) 풍속
風流 (ふうりゅう・후우류우) 풍류
突風 (とっぷう・돗뿌우) 돌풍

肩

かた・가따
けん・겡

(몸의) 어깨

肩書 (かたがき・가따가끼) 직함, 신분
肩車 (かたぐるま・가따구루마) 목말
肩章 (けんしょう・겐쇼오) 견장
両肩 (りょうけん・료오껭) 쌍견, 두 어깨

型

かた・가따
けい・게이

틀, 본, 골

型破り (かたやぶり・가따야부리) 틀을 깸, 파격적
新型 (しんがた・싱가따) 신형, 새로운 모양
典型 (てんけい・뎅께이) 전형
模型 (もけい・모께이) 모형

片

かた・가따
へん・헹

짝, 한 쌍 중의 한쪽

片意地 (かたいじ・가따이지) 외고집
片恋 (かたこい・가따꼬이) 짝사랑
片雲 (へんうん・헹웅) 조각구름
断片 (だんぺん・단뼁) 단편

固い

かたい · 가따이
こ · 고

단단하다, 굳다

固太り (かたぶとり · 가따부또리) 단단하게 살이 찜
固まり (かたまり · 가따마리) 덩어리, 뭉치
固定 (こてい · 고떼이) 고정
頑固 (がんこ · 강꼬) 완고

堅い

かたい · 가따이
けん · 겡

딱딱하다, 견고하다

堅苦しい (かたくるしい · 가따꾸루시이) 너무 엄격하다
堅物 (かたぶつ · 가따부쓰) 강직한 사람
堅固 (けんご · 겡고) 견고
中堅 (ちゅうけん · 쥬우껭) 중견

形

かたち · 가따찌, かた · 가따
けい · 게이

모양, 형태

※「形」는 훈독이 「かたち」도 되고 그냥 「かた」도 된다.

形作り (かたちづくり · 가따찌즈꾸리) 만들다, 구성
形無し (かたなし · 가따나시) 형편없이 됨
形見 (かたみ · 가따미) 유물(遺物)
形成 (けいせい · 게이세이) 형성
形容 (けいよう · 게이요오) 형용

傾く

かたむく · 가따무꾸
けい · 게이

기울다, 기울어지다

傾き （かたむき · 가따무끼） 기울기, 경사(傾斜)
傾ける （かたむける · 가따무께루） 기울이다
傾向 （けいこう · 게이꼬오） 경향
傾斜 （けいしゃ · 게이샤） 경사, 기울기

語る

かたる · 가따루
ご · 고

말하다, 이야기하다

語り草 （かたりぐさ · 가따리구사） 이야깃거리, 화제
語り手 （かたりて · 가따리떼） 말하는 사람
語学 （ごがく · 고가꾸） 어학
言語 （げんご · 겡고） 언어

勝つ

かつ · 가쓰
しょう · 쇼오

이기다, 승리하다

勝ち戦 （かちいくさ · 가찌이꾸사） 이긴 싸움, 승전
勝鬨 （かちどき · 가찌도끼） 승리의 함성, 개가
勝負 （しょうぶ · 쇼오부） 승부
勝利 （しょうり · 쇼오리） 승리

担ぐ

かつぐ · 가쓰구
たん · 당

메다, 짊어지다,
「担う(になう)」
라고도 함

担ぎ出す (かつぎだす · 가쓰기다스) 메어내다
担ぎ屋 (かつぎや · 가쓰기야) 미신가(迷信家)
担架 (たんか · 당까) 단가, 들 것
担任 (たんにん · 단닝) 담임

角

かど · 가도, つの · 쓰노
かく · 가꾸

귀퉁이, 구석, 뿔, 모양

※「角」는 같은 글자인데도 발음과 뜻이 다른 단어가 많다. 즉 「모퉁이」 일 때는 「かど」이고, 짐승의 「뿔」을 말할 때는 「つの」가, 그리고 음독은 「かく」가 되는데, 이 때는 「모양」「꼴」을 가리킨다.

角立つ (かどだつ · 가도다쓰) 모나다
町角 (まちかど · 마찌가도) 길모퉁이
角細工 (つのざいく · 쓰노자이꾸) 짐승의 뿔로 만든 세공
牛の角 (うしのつの · 우시노쓰노) 쇠뿔
角度 (かくど · 가꾸도) 각도
頭角 (とうかく · 도오까꾸) 두각

門
かど · 가도
もん · 몽

문, 대문

門違い (かどちがい · 가도지가이) 착각
門出 (かどで · 가도데) 집을 떠남, 출발
門札 (もんさつ · 몬사쓰) 문패
門番 (もんばん · 몬방) 문지기, 수위

悲しい
かなしい · 가나시이
ひ · 히

슬프다

悲しみ (かなしみ · 가나시미) 슬픔
悲しむ (かなしむ · 가나시무) 슬퍼하다
悲劇 (ひげき · 히게끼) 비극
悲痛 (ひつう · 히쓰우) 비통

必ず
かならず · 가나라즈
ひつ · 히쓰

반드시, 꼭

必ずしも (かならずしも · 가나라즈시모) 반드시 …인 것은 아니다
必ずや (かならずや · 가나라즈야) 기필코, 필시
必要 (ひつよう · 히쓰요오) 필요
必死的 (ひっしてき · 힛시떼끼) 필사적

金

かね・가네, かな・가나
きん・깅, ごん・공

금속, 돈, 금전

※「金」는 훈독이 「かね」도 되고 「かな」도 되며, 음독 또한 「きん」도 되고 「ごん」도 되는 등 발음이 까다롭다.

金儲け (かねもうけ・가네모오께) 돈벌이
金持ち (かねもち・가네모찌) 돈 많은 사람, 부자
金切り声 (かなきりごえ・가나끼리고에) (여자의) 째지는 목소리
金槌 (かなづち・가나즈찌) 쇠망치
金塊 (きんかい・깅까이) 금괴, 금덩어리
金庫 (きんこ・깅꼬) 금고
黄金 (おうごん・오오공) 황금

鐘

かね・가네
しょう・쇼오

종

鐘撞き (かねつき・가네쓰끼) 종지기
鐘作り (かねづくり・가네즈꾸리) 종을 만드는 사람
鐘楼 (しょうろう・쇼오로오) 종루
梵鐘 (ばんしょう・반쇼오) 범종

兼ねる
かねる・가네루
けん・겡

겸하다

兼ね合い（かねあい・가네아이）균형, 걸맞음
兼兼（かねがね・가네가네）미리, 전부터
兼行（けんこう・겡꼬오）겸행
兼務（けんむ・겐무）겸무

被る
かぶる・가부루
ひ・히

쓰다, 뒤집어쓰다

被さる（かぶさる・가부사루）덮이다, 씌워지다
被せ蓋（かぶせぶた・가부세부따）뚜껑
被害（ひがい・히가이）피해
被服（ひふく・히후꾸）피복, 옷

壁
かべ・가베
へき・헤끼

벽, 바람벽

壁掛け（かべかけ・가베가께）벽걸이
壁塗り（かべぬり・가베누리）미장이
壁画（へきが・헤끼가）벽화
城壁（じょうへき・죠오헤끼）성벽
絶壁（ぜっぺき・젯뻬끼）절벽

紙

かみ・가미
し・시

종이

紙入れ (かみいれ・가미이레) 지갑
紙切れ (かみきれ・가미끼레) 종이쪽지
紙幣 (しへい・시헤이) 지폐
用紙 (ようし・요오시) 용지

髪

かみ・가미
はつ・하쓰

머리카락

髪型 (かみがた・가미가따) 머리형, 헤어스타일
黒髪 (くろがみ・구로가미) 검은 머리
散髪 (さんぱつ・산빠쓰) 산발, 이발
理髪店 (りはつてん・리하쓰뗑) 이발관

神

かみ・가미
しん・싱

신

神様 (かみさま・가미사마) 하느님
神業 (かみわざ・가미와자) 신의 조화
神秘 (しんぴ・신삐) 신비
精神 (せいしん・세이싱) 정신

雷　かみなり・가미나리　らい・라이　천둥, 우뢰

雷親父 （かみなりおやじ・가미나리오야지） 야단을 잘 치는 아버지
雷族 （かみなりぞく・가미나리조꾸） 폭주족(暴走族)
雷鳴 （らいめい・라이메이） 천둥소리
避雷針 （ひらいしん・히라이싱） 피뢰침

通う　かよう・가요우　つう・쓰우　다니다, 왕래하다

通い （かよい・가요이） 왕래, 왕복
通い商い （かよいあきない・가요이아끼나이） 행상
通信 （つうしん・쓰우싱） 통신
通俗 （つうぞく・쓰우조꾸） 통속

殻　から・가라　かく・가꾸　껍데기, 껍질

殻竿 （からざお・가라자오） 도리깨
空き殻 （あきがら・아끼가라） 빈 껍질
甲殻 （こうかく・고오까꾸） 갑각, 등딱지
地殻 （ちかく・지까꾸） 지각

唐

から · 가라
とう · 도오

당나라

唐衣 (からころも · 가라고로모) 중국식옷
唐手 (からて · 가라떼) 당수
唐芥子 (とうがらし · 도오가라시) 고추
唐突 (とうとつ · 도오또쓰) 당돌함

辛い

からい · 가라이
しん · 싱

맵다, 짜다

辛くも (からくも · 가라꾸모) 간신히, 겨우
辛味 (からみ · 가라미) 매운 맛, 짠맛
辛抱 (しんぼう · 신보오) 참고 견딤
辛辣 (しんらつ · 신라쓰) 신랄함

体

からだ · 가라다
たい · 다이

몸, 신체

体付き (からだつき · 가라다쓰끼) 몸매
体育 (たいいく · 다이이꾸) 체육
体操 (たいそう · 다이소오) 체조

仮に

かりに · 가리니
か · 가, け · 게

가령, 만일

※「仮」는 음독이 「か」도 되고 「け」도 되는 등 복잡하다.

仮初 (かりそめ · 가리소메) 잠시 동안
仮縫い (かりぬい · 가리누이) 가봉
仮定 (かてい · 가떼이) 가정
仮面 (かめん · 가멩) 가면
仮病 (けびょう · 게뵤오) 꾀병
仮名 (けみょう · 게묘오) 가명

借りる

かりる · 가리루
しゃく · 샤꾸

꾸다, 빌리다

借り着 (かりぎ · 가리기) 빌려입은 옷
借り物 (かりもの · 가리모노) 빌려쓰는 물건
借用 (しゃくよう · 샤꾸요오) 차용
仮借 (かしゃく · 가샤꾸) 가차, 용서

軽い

かるい · 가루이
けい · 게이

가볍다

軽口 (かるくち · 가루구찌) 입이 가벼움
軽業 (かるわざ · 가루와자) 곡예, 서커스
軽快 (けいかい · 게이까이) 경쾌
軽率 (けいそつ · 게이소쓰) 경솔

枯れる　かれる·가레루
こ·고　　(초목이) 시들다

枯れ木 (かれき · 가레끼) 고목, 마른 나무
枯れ野 (かれの · 가레노) 풀이 마른 들판
枯渇 (こかつ · 고까쓰) 고갈
枯木 (こぼく · 고보꾸) 고목

川　かわ·가와
せん·셍　　내, 개울

川筋 (かわすじ · 가와스지) 강줄기
川辺 (かわべ · 가와베) 냇가, 강변
山川 (さんせん · 산셍) 산천

河　かわ·가와
が·가　　강, 하천

河岸 (かわぎし · 가와기시) 강가, 냇가
河原 (かわら · 가와라) 강가의 모래밭
河川 (かせん · 가셍) 하천
大河 (たいが · 다이가) 대하, 큰 강

皮

かわ・가와
ひ・히

동식물의 겉껍질

皮付き (かわつき・가와쓰끼) 가죽이 달린 것
皮剥き (かわむき・가와무끼) 껍질을 벗김
皮相的 (ひそうてき・히소오떼끼) 피상적
皮肉 (ひにく・히니꾸) 비꼼, 빈정거림

革

かわ・가와
かく・가꾸

가죽

革帯 (かわおび・가와오비) 가죽띠, 밴드
革張り (かわばり・가와바리) 가죽을 씌움
革命 (かくめい・가꾸메이) 혁명
改革 (かいかく・가이까꾸) 개혁

乾く

かわく・가와꾸
かん・강

마르다

乾かす (かわかす・가와까스) 말리다
乾き (かわき・가와끼) 마름, 건조
乾燥 (かんそう・간소오) 건조
乾電池 (かんでんち・간덴찌) 건전지

代り

かわり・가와리
だい・다이

대신, 대리, 대용

代る代る（かわるがわる・가와루가와루）교대로, 번갈아
代り番（かわりばん・가와리방）교대, 교대순번
代価（だいか・다이까）댓가
代理（だいり・다이리）대리
代用品（だいようひん・다이요오힝）대용품

考える

かんがえる・강가에루
こう・고오

생각하다

考え（かんがえ・강가에）생각, 사고(思考)
考え物（かんがえもの・강가에모노）깊이 생각해 볼 일
考察（こうさつ・고오사쓰）고찰
参考書（さんこうしょ・상꼬오쇼）참고서

木

き기·こ고
もく모꾸·ぼく보꾸

나무, 수목

※「木」는 훈독과 음독이 모두 까다로운 단어이다. 즉 훈독이 「き」도 되고 「こ」도 되며, 음독 또한 「もく」도 되고 「ぼく」도 되기 때문이다. 한편 「나무」는 「樹(き)」라고도 한다.

木肌 (きはだ · 기하다) 나무껍질
木彫り (きぼり · 기보리) 목각(木刻)
木陰 (こかげ · 고까게) 나무그늘
木霊 (こだま · 고다마) 메아리, 산울림
木造 (もくぞう · 모꾸조오) 목조
木曜日 (もくようび · 모꾸요오비) 목요일
古木 (こぼく · 고보꾸) 고목
大木 (たいぼく · 다이보꾸) 큰 나무

消える

きえる · 기에루
しょう · 쇼오

꺼지다, 스러지다

消え失せる (きえうせる · 기에우세루) 사라져 없어지다
消え果て (きえはて · 기에하떼) 소멸
消化 (しょうか · 쇼오까) 소화
消防車 (しょうぼうしゃ · 쇼오보오샤) 소방차

聞く
きく · 기꾸
ぶん · 붕

듣다, 묻다

聞き誤り（ききあやまり · 기끼아야마리）잘못 들음
聞える（きこえる · 기꼬에루）들리다
見聞（けんぶん · 겐붕）견문
新聞（しんぶん · 신붕）신문

利く
きく · 기꾸
り · 리

효과가 있다, 듣다

利き所（ききどころ · 기끼도꼬로）효험이 있는 곳, 급소
利き目（ききめ · 기끼메）효험, 효과
利用（りよう · 리요오）이용
便利（べんり · 벤리）편리함

刻む
きざむ · 기자무
こく · 고꾸

잘게 썰다, 새기다

刻み足（きざみあし · 기자미아시）종종걸음
刻み付ける（きざみつける · 기자미쓰께루）새겨넣다
刻印（こくいん · 고꾸잉）각인
彫刻（ちょうこく · 죠오꼬꾸）조각

93

岸

きし · 기시
がん · 강

물가, 벼랑

岸辺 (きしべ · 기시베) 물가, 강가
川岸 (かわぎし · 가와기시) 강둔덕
岸壁 (がんぺき · 간뻬끼) 안벽
海岸 (かいがん · 가이강) 해안, 바닷가

傷

きず · 기즈
しょう · 쇼오

상처, 흠

傷口 (きずぐち · 기즈구쩨) 상처자리
傷物 (きずもの · 기즈모노) 흠이 있는 물건, 파치
傷害 (しょうがい · 쇼오가이) 상해
負傷 (ふしょう · 후쇼오) 부상

北

きた · 기따
ほく · 호꾸, ぼく · 보꾸

북, 북쪽

※「北」는 음독이 「ほく」도 되고 「ぼく」도 되며 때에 따라서는 「ほっ」도 되는 등 그 사용법이 매우 까다롭다.

北風 (きたかぜ · 기따가제) 북풍
北向き (きたむき · 기따무끼) 북향
北欧 (ほくおう · 호꾸오오) 북구, 북유럽

北斗七星 （ほくとななせい · 호꾸또나나세이） 북두칠성
南北 （なんぼく · 난보꾸） 남북
敗北 （はいぼく · 하이보꾸） 패배
北極 （ほっきょく · 홋꾜꾸） 북극
北方 （ほっぽう · 홋뽀오） 북방, 북쪽

鍛える
きたえる · 기따에루
たん · 당

단련하다

鍛え （きたえ · 기따에） 단련
鍛冶屋 （かじや · 가지야） 대장장이
鍛練 （たんれん · 단렝） 단련

汚い
きたない · 기따나이
お · 오

더럽다, 불결하다

汚らしい （きたならしい · 기따나라시이） 추접스럽다
汚染 （おせん · 오셍） 오염
汚名 （おめい · 오메이） 오명

絹

きぬ · 기누
けん · 겡

명주, 비단

絹地 （きぬじ · 기누지） 비단천
絹物 （きぬもの · 기누모노） 견직물, 비단
絹糸 （けんし · 젠시） 견사, 비단실
本絹 （ほんけん · 홍껭） 본견

君

きみ · 기미
くん · 궁

군주, 그대, 자네

君が代 （きみがよ · 기미가요） 군주가 통치하는 시대, 당신의 일생
姫君 （ひめぎみ · 히메기미） 공주
君子 （くんし · 군시） 군자
君主 （くんしゅ · 군슈） 군주, 제왕

決める

きめる · 기메루
けつ · 게쓰

정하다, 결정하다

決まる （きまる · 기마루） 정해지다, 결정되다
決め手 （きめて · 기메떼） 결정적인 수단
決裂 （けつれつ · 게쓰레쓰） 결렬
解決 （かいけつ · 가이께쓰） 해결
決心 （けっしん · 겟싱） 결심

肝

きも・기모
かん・강

간, 간장(肝臓)

肝試し (きもだめし・기모다메시) 담력테스트
肝っ玉 (きもったま・기못따마) 배짱, 간덩이
肝炎 (かんえん・간엥) 간염
肝胆 (かんたん・간땅) 간담

清い

きよい・기요이
せい・세이

맑다, 깨끗하다

清め (きよめ・기요메) 부정을 없앰
清らか (きよらか・기요라까) 맑고 깨끗함
清潔 (せいけつ・세이께쓰) 청결
清教徒 (せいきょうと・세이꾜오또) 청교도

嫌う

きらう・기라우
けん・겡

싫어하다,「嫌(いや)がる」
라고도 함

嫌い (きらい・기라이) 싫다, 좋지 않다
嫌悪 (けんお・겡오) 혐오
嫌疑 (けんぎ・겡기) 혐의

霧

きり · 기리
む · 무

안개

霧雨 （きりさめ · 기리사메） 안개비, 이슬비
朝霧 （あさぎり · 아사기리） 아침안개
五里霧中 （ごりむちゅう · 고리무쮸우） 오리무중
濃霧 （のうむ · 노오무） 농무, 짙은 안개

切る

きる · 기루
せつ · 세쓰

베다, 자르다

切り株 （きりかぶ · 기리가부） 그루터기, 나무밑둥
切れ端 （きれはし · 기레하시） 토막, 자투리
切実 （せつじつ · 세쓰지쓰） 절실
切断 （せつだん · 세쓰당） 절단

着る

きる · 기루
ちゃく · 쟈꾸

옷을 입다

着映え （きばえ · 기바에） 옷입은 맵시
着物 （きもの · 기모노） 옷, 의복, 특히 일본옷
着手 （ちゃくしゅ · 쟈꾸슈） 착수
到着 （とうちゃく · 도오쨔꾸） 도착

際　きわ · 기와　さい · 사이　　가장자리, 가

際立つ （きわだつ · 기와다쓰） 두드러지다, 눈에 띄다
際物 （きわもの · 기와모노） 철에 따라 팔리는 물건, 계절품
際限 （さいげん · 사이겡） 한도, 끝
国際 （こくさい · 고꾸사이） 국제

極めて　きわめて · 기와메떼　きょく · 교꾸　　극히, 지극히

極め （きわめ · 기와메） 궁구(窮究), 최종확인
極め付き （きわめつき · 기와메쓰끼） 정평이 있음
極端 （きょくたん · 교꾸땅） 극단
南極 （なんきょく · 낭꼬꾸） 남극

悔いる　くいる · 구이루　かい · 가이　　뉘우치다, 후회하다

悔い （くい · 구이） 뉘우침, 후회
悔い改める （くいあらためる · 구이아라따메루） 회개하다
悔悟 （かいご · 가이고） 회오
後悔 （こうかい · 고오까이） 후회

食う 

くう・구우
しょく・쇼꾸

(음식 등을) 먹다. 「食(た)べる」라고도 함

食いしん坊 （くいしんぼう・구이신보오） 먹보, 걸신들린 사람
食い過ぎ （くいすぎ・구이스기） 과식
食堂 （しょくどう・쇼꾸도오） 식당
食物 （しょくもつ・쇼꾸모쓰） 음식물, 먹거리

草

くさ・구사
そう・소오

풀, 풀의 총칭

草色 （くさいろ・구사이로） 초록색, 풀빛
草地 （くさち・구사찌） 초지, 풀밭
草原 （そうげん・소오겡） 초원
除草剤 （じょそうざい・죠소오자이） 제초제

腐る

くさる・구사루
ふ・후

썩다, 상하다

腐り （くさり・구사리） 썩음, 부패
腐れ縁 （くされえん・구사레엥） 나쁜 인연, 악연
腐敗 （ふはい・후하이） 부패
豆腐 （とうふ・도오후） 두부

鯨

くじら・구지라
げい・게이

고래

鯨狩り （くじらがり・구지라가리） 고래사냥
鯨髭 （くじらひげ・구지라히게） 고래수염, 빳빳한 수염
巨鯨 （きょげい・교게이） 큰 고래
捕鯨船 （ほげいせん・호게이셍） 포경선

薬

くすり・구스리
やく・야꾸

약, 병치료제

薬屋 （くすりや・구스리야） 약국, 약방
薬指 （くすりゆび・구스리유비） 무명지, 약손가락
薬品 （やくひん・야꾸힝） 약품
投薬 （とうやく・도오야꾸） 투약
薬局 （やっきょく・얏꾜꾸） 약국
薬科 （やっか・얏까） 약과, 약학과

崩れる

くずれる・구즈레루
ほう・호오

무너지다, 허물어지다

崩れ （くずれ・구즈레） 붕괴, 허물어짐
山崩れ （やまくずれ・야마구즈레） 산사태
崩壊 （ほうかい・호오까이） 붕괴
崩御 （ほうぎょ・호오교） 붕어, 임금의 죽음

癖

<だ·구세
へき·헤끼

버릇, 습관

口癖 (くちぐせ·구찌구세) 입버릇
難癖 (なんくせ·낭꾸세) 생트집
放浪癖 (ほうろうへき·호오로오헤끼) 방랑벽
潔癖 (けっぺき·겟뻬끼) 결벽

糞

くそ·구소
ふん·훙

똥, 대변

糞垂れ (くそたれ·구소따레) 똥을 쌀 놈
糞度胸 (くそどきょう·구소도꾜오) 똥배짱
糞詰まり (ふんづまり·훈즈마리) 변비(便秘)
糞土 (ふんど·훈도) 썩은 흙

下る

くだる·구다루
か·가, げ·게

내려가다

※「下」는 음독이 「か」도 되고 「げ」도 되는 등 까다롭다.

下り坂 (くだりざか·구다리자까) 내리막길
下り列車 (くだりれっしゃ·구다리렛샤) 하행열차
下等 (かとう·가또오) 하등
降下 (こうか·고오까) 강하
下車 (げしゃ·게샤) 하차
下落 (げらく·게라꾸) 하락

口
くち·구찌
こう·고오

입

口答え（くちごたえ·구찌고따에）말대꾸
口笛（くちぶえ·구찌부에）휘파람
口実（こうじつ·고오지쓰）구실
人口（じんこう·징꼬오）인구

朽ちる
くちる·구찌루
きゅう·규우

(나무 따위가) 썩다

朽ち木（くちき·구찌끼）썩은 나무
朽ち果てる（くちはてる·구찌하떼루）완전히 썩어 버리다
不朽（ふきゅう·후뀨우）불후
老朽（ろうきゅう·로오뀨우）노후

靴
くつ·구쓰
か·가

구두, 신발

靴下（くつした·구쓰시따）양말
靴磨き（くつみがき·구쓰미가끼）구두닦이
運動靴（うんどうか·운도오까）운동화
軍靴（ぐんか·궁까）군화

覆す

くつがえす・구쓰가에스
ふく・후꾸

뒤엎다, 뒤집다

覆る （くつがえる・구쓰가에루） 뒤집히다
覆面 （ふくめん・후꾸멩） 복면
転覆 （てんぷく・덴뿌꾸） 전복, 뒤집힘

国

くに・구니
こく・고꾸, こっ・곳

나라, 국가

※「国」 또한 음독이 「こく」도 되고 「こっ」도 된다.

国自慢 （くにじまん・구니지망） 고향자랑, 나라자랑
国訛り （くになまり・구니나마리） 지방사투리
国民 （こくみん・고꾸밍） 국민
外国 （がいこく・가이꼬꾸） 외국
国家 （こっか・곳까） 국가
国旗 （こっき・곳끼） 국기

首

くび・구비
しゅ・슈

목, 모가지

首飾り （くびかざり・구비가자리） 목걸이
首っ丈 （くびったけ・구빗따께） 홀딱 반함
首席 （しゅせき・슈세끼） 수석
首相 （しゅしょう・슈쇼오） 수상

頸

くび · 구비
けい · 게이

목, 모가지

頸木 （くびき · 구비끼） 멍에
頸筋 （くびすじ · 구비스지） 목덜미
頸血 （けいけつ · 게이께쓰） 경혈
刎頸 （ふんけい · 훙께이） 문경, 생사를 같이 하는 친교(親交)

組

くみ · 구미
そ · 소

조(組), 반(班)

組合 （くみあい · 구미아이） 조합
組立て （くみたて · 구미다떼） 조립
組織 （そしき · 소시끼） 조직
改組 （かいそ · 가이소） 개조

雲

くも · 구모
うん · 웅

구름

雲脚 （くもあし · 구모아시） 구름의 움직임
雲隠れ （くもがくれ · 구모가꾸레） 달이 구름에 가림
雲泥 （うんでい · 운데이） 구름과 땅, 대단한 차이
暗雲 （あんうん · 앙웅） 암운, 검은 구름

曇る

くもる · 구모루
どん · 동

흐리다, 흐려지다

曇り勝ち (くもりがち · 구모리가찌) 자칫 흐려지기 쉬움
曇ガラス (くもりガラス · 구모리가라스) 젖빛유리
曇天 (どんてん · 돈뗑) 흐린 날씨
晴曇 (せいどん · 세이동) 맑고 흐림

倉

くら · 구라
そう · 소오

곳간, 창고

蔵入れ (くらいれ · 구라이레) 곳간에 넣음, 입고
倉番 (くらばん · 구라방) 창고지기
倉庫 (そうこ · 소오꼬) 창고
穀倉 (こくそう · 고꾸소오) 곡창

蔵

くら · 구라
ぞう · 조오

곳간, 창고

蔵出し (くらだし · 구라다시) 출고(出庫)
酒蔵 (さかぐら · 사까구라) 술창고
蔵書 (ぞうしょ · 조오쇼) 장서
埋蔵 (まいぞう · 마이조오) 매장

暗い

くらい · 구라이
あん · 앙

어둡다, 밝지 않다

暗がり （くらがり · 구라가리） 어두운 곳
暗闇 （くらやみ · 구라야미） 어둠, 암흑
暗号 （あんごう · 앙고오） 암호
暗室 （あんしつ · 안시쓰） 암실

位

くらい · 구라이
い · 이

지위, 정도, …쯤

位する （くらいする · 구라이스루） 위치하다
どの位 （どのくらい · 도노구라이） 얼마쯤
位置 （いち · 이찌） 위치
地位 （ちい · 지이） 지위

比べる

くらべる · 구라베루
ひ · 히

비교하다, 대조하다

比べ （くらべ · 구라베） 비교, 견줌
比べ物 （くらべもの · 구라베모노） 비교의 대상
比較 （ひかく · 히까꾸） 비교
比例 （ひれい · 히레이） 비례

来る

くる · 구루
らい · 라이

(자기에게로) 오다

来る年 （くるとし · 구루도시） 오는 해
来る日 （くるひ · 구루히） 오는 날, 장래
来年 （らいねん · 라이넹） 내년
将来 （しょうらい · 쇼오라이） 장래

狂う

くるう · 구루우
きょう · 교오

미치다, 뒤틀리다

狂い （くるい · 구루이） 뒤틀림, 미침
狂おしい （くるおしい · 구루오시이） 미칠 것 같다
狂人 （きょうじん · 교오징） 광인, 미친 사람
発狂 （はっきょう · 핫꾜오） 발광

苦しい

くるしい · 구루시이
く · 구

괴롭다, 고통스럽다

苦しみ （くるしみ · 구루시미） 고통, 괴로움
苦し紛れ （くるしまぎれ · 구루시마기레） 괴로운 나머지
苦痛 （くつう · 구쓰우） 고통
苦労 （くろう · 구로오） 수고, 고생

車　くるま・구루마／しゃ・샤　　수레, 차

車座 （くるまざ・구루마자） 빙 둘러앉음
車代 （くるまだい・구루마다이） 차비, 차삯
車掌 （しゃしょう・샤쇼오） 차장
乗車 （じょうしゃ・죠오샤） 승차

暮れる　くれる・구레루／ぼ・보　　저물다, 어찌할 바를 모르다

暮れ方 （くれがた・구레가따） 해질녘, 저녁때
暮れ果てる （くれはてる・구레하떼루） 해가 완전히 지다
暮春 （ぼしゅん・보슌） 늦은 봄
歳暮 （さいぼ・사이보） 세모, 연말

黒　くろ・구로／こく・고꾸　　까망, 검은 빛

黒幕 （くろまく・구로마꾸） 흑막
黒ん坊 （くろんぼう・구론보오） 검둥이, 흑인
黒白 （こくびゃく・고꾸뱌꾸） 흑백
暗黒 （あんこく・앙꼬꾸） 암흑

加える くわえる · 구와에루　か · 가　　더하다, 보태다

加わる （くわわる · 구와와루） 덧붙다, 참가하다
加入 （かにゅう · 가뉴우） 가입
追加 （ついか · 쓰이까） 추가

企てる くわだてる · 구와다떼루　き · 기　　꾀하다, 계획하다

企て （くわだて · 구와다떼） 기획, 기도
企業 （きぎょう · 기교오） 기업
企図 （きと · 기또） 기도

毛 け · 게　もう · 모오　　털, 체모(体毛)

毛皮 （けがわ · 게가와） 모피
毛嫌い （けぎらい · 게기라이） 무조건 싫어함
毛布 （もうふ · 모오후） 모포, 담요
不毛地 （ふもうち · 후모오찌） 불모지

消す
けす・게스
しょう・쇼오

끄다, 없애다

消印 (けしいん・게시잉) 소인, 스탬프
消しゴム (けしゴム・게시고무) 지우개
消滅 (しょうめつ・쇼오메쓰) 소멸
消耗品 (しょうもうひん・쇼오모오힝) 소모품

削る
けずる・게즈루
さく・사꾸

깎다, 삭감하다

削り (けずり・게즈리) 깎음, 깎는 방법
削減 (さくげん・사꾸겡) 삭감
削除 (さくじょ・사꾸죠) 삭제

煙
けむり・게무리
えん・엥

연기

煙たい (けむたい・게무따이) 냅다, 맵다, 어색하다
煙る (けむる・게무루) 연기가 끼다, 흐려보이다
煙突 (えんとつ・엔또쓰) 굴뚝
禁煙 (きんえん・깅엥) 금연

獣

けもの・게모노
じゅう・쥬우

짐승. 「けだもの」라고도 발음함

獣道 (けものみち・게모노미찌) 숲 속에 난 짐승들의 특유한 통로
獣欲 (じゅうよく・쥬우요꾸) 수욕
猛獣 (もうじゅう・모오쥬우) 맹수

蹴る

ける・게루
しゅう・슈우

걷어차다

蹴飛ばす (けとばす・게또바스) 내차다
蹴破る (けやぶる・게야부루) 차서 부수다
蹴球 (しゅうきゅう・슈우뀨우) 축구
一蹴 (いっしゅう・잇슈우) 일축

険しい

けわしい・게와시이
けん・껭

험하다, 험상궂다

険し道 (けわしみち・게와시미찌) 험준한 길
険難 (けんなん・겐낭) 험난
冒険 (ぼうけん・보오껭) 모험

子
こ・고
し・시

자식, 새끼

子供 (こども・고도모) 어린아이
子分 (こぶん・고붕) 부하, 졸개
子孫 (しそん・시송) 자손
母子 (ぼし・보시) 모자, 어머니와 자식

恋
こい・고이
れん・렝

(남녀간의) 사랑

恋仲 (こいなか・고이나까) 사랑하는 사이
恋人 (こいびと・고이비또) 연인, 애인
恋愛 (れんあい・렝아이) 연애
恋情 (れんじょう・렌죠오) 연정

濃い
こい・고이
のう・노오

짙다, 진하다

濃い茶 (こいちゃ・고이쟈) 진한 차
濃い目 (こいめ・고이메) 좀 짙은 듯함
濃度 (のうど・노오도) 농도
濃霧 (のうむ・노오무) 농무, 짙은 안개

声

こえ・고에
せい・세이

목소리

声変わり （こえがわり・고에가와리） 변성(変声)
声付き （こえつき・고에쓰끼） 음성
声明書 （せいめいしょ・세이메이쇼） 성명서
声優 （せいゆう・세이유우） 성우

越える

こえる・고에루
えつ・에쓰

（높은 곳을) 넘다

山越え （やまごえ・야마고에） 산을 넘음
屋根越し （やねごし・야네고시） 지붕 너머
卓越 （たくえつ・다꾸에쓰） 탁월
超越 （ちょうえつ・죠오에쓰） 초월

肥える

こえる・고에루
ひ・히

살이 찌다

肥え （こえ・고에） 비료, 거름
肥溜め （こえだめ・고에다메） 분뇨통
肥満 （ひまん・히망） 비만
肥沃 （ひよく・히요꾸） 비옥

氷　こおり・고오리　／　ひょう・효오　　얼음

氷菓子 (こおりがし · 고오리가시) 얼음과자, 빙과
氷水 (こおりみず · 고오리미즈) 얼음물
氷山 (ひょうざん · 효오장) 빙산
氷点 (ひょうてん · 효오뗑) 빙점

凍る　こおる・고오루　／　とう・도오　　얼다

凍り付く (こおりつく · 고오리쓰꾸) 얼어붙다
凍り道 (こおりみち · 고오리미찌) 얼어붙은 길
凍結 (とうけつ · 도오께쓰) 동결
冷凍 (れいとう · 레이또오) 냉동

心　こころ・고꼬로　／　しん・싱　　마음

心当たり (こころあたり · 고꼬로아따리) 짐작
心構え (こころまがえ · 고꼬로가마에) 마음가짐
心臓 (しんぞう · 신조오) 심장
心配 (しんぱい · 신빠이) 근심, 걱정

志

こころざし · <u>고꼬로자시</u>
し · 시

뜻, 마음

志す (こころざす · 고꼬로자스) 뜻하다
志願 (しがん · 시강) 지원
大志 (たいし · 다이시) 대지, 큰 뜻

快い

こころよい · <u>고꼬로요이</u>
かい · 가이

상쾌하다, 즐겁다

快し (こころよし · <u>고꼬로요시</u>) 즐겁다, 기쁘다
快感 (かいかん · 가이깡) 쾌감
愉快 (ゆかい · 유까이) 유쾌

腰

こし · 고시
よう · 요오

허리

腰掛け (こしかけ · 고시까께) 걸상, 의자
腰抜け (こしぬけ · 고시누께) 얼간이, 겁쟁이
腰椎 (ようつい · 요오쓰이) 요추
腰痛 (ようつう · 요오쓰우) 요통

擦る
こする・고스루
さつ・사쓰

문지르다, 비비다

擦り付ける （こすりつける・고스리쓰께루） 문질러 바르다, 남에게 전가하다
擦れる （こすれる・고스레루） 스치다, 비벼지다
擦過傷 （さっかしょう・삿까쇼오） 찰과상
摩擦 （まさつ・마사쓰） 마찰

応え
こたえ・고따에
おう・오오, のう・노오

반응, 응답

※「応」는 음독이「おう」도 되고「のう」도 된다.

応える （こたえる・고따에루） 크게 자극을 받다
応変 （おうへん・오오헹） 응변
応用 （おうよう・오오요오） 응용
反応 （はんのう・한노오） 반응

答える
こたえる・고따에루
とう・도오

대답하다

答え （こたえ・고따에） 대답, 응답
答弁 （とうべん・도오벵） 답변
明答 （めいとう・메이또오） 명답

事　ごと·고또 / じ·지　일, 것

事柄 （ことがら · 고또가라） 사항, 사정
仕事 （しごと · 시고또） 일, 업무, 직업
事務所 （じむしょ · 지무쇼） 사무실
人事課 （じんじか · 진지까） 인사과

毎　ごと·고또 / まい·마이　…마다, 그 하나하나

日毎 （ひごと · 히고또） 날마다, 나날이
夜毎 （よごと · 요고또） 밤마다, 매일밤
毎朝 （まいあさ · 마이아사） 매일아침
毎日 （まいにち · 마이니찌） 매일

異なる　ことなる·고또나루 / い·이　다르다, 같지 않다

異にする （ことにする · 고또니스루） 달리하다
異性 （いせい · 이세이） 이성
驚異 （きょうい · 교오이） 경이

殊に
ことに · 고또니
しゅ · 슈

특히, 각별히

殊更 （ことさら · 고또사라） 특별히, 새삼스러이
殊の外 （ことのほか · 고또노호까） 의외, 뜻밖
殊勝 （しゅしょう · 슈쇼오） 특히 뛰어남, 기특함
特殊 （とくしゅ · 도꾸슈） 특수

断る
ことわる · 고또와루
だん · 당

거절하다

断り （ことわり · 고또와리） 거절, 사절
断行 （だんこう · 당꼬오） 단행
決断 （けつだん · 게쓰당） 결단

粉
こな · 고나, こ · 꼬
ふん · 훙

가루, 분말

※「粉」는 훈독이「こな」도 되고 그냥「こ」도 된다.

粉薬 （こなぐすり · 고나구스리） 가루약
粉粉 （こなごな · 고나고나） 산산히 부서짐
歯磨き粉 （はみがきこ · 하미가끼꼬） 치약
メリケン粉 （メリケンこ · 메리껭꼬） 밀가루
粉失 （ふんしつ · 훈시쓰） 분실
粉食 （ふんしょく · 훈쇼꾸） 분식, 밀가루 음식

 好む　このむ · 고노무 / こう · 고오　　좋아하다, 즐기다

好ましい（このましい · 고노마시이）탐탁하다, 마음에 들다
好み（このみ · 고노미）취미, 기호(嗜好)
好奇心（こうきしん · 고오끼싱）호기심
愛好（あいこう · 아이꼬오）애호

 拳　こぶし · 고부시 / けん · 겡　　주먹

握り拳（にぎりこぶし · 니기리고부시）쥔 주먹
拳骨（けんこつ · 겡꼬쓰）주먹
拳闘（けんとう · 겐또오）권투, 복싱

 零す　こぼす · 고보스 / れい · 레이　　엎지르다, 흘리다

零れ話（こぼればなし · 고보레바나시）뒷이야기, 여담(餘談)
零れる（こぼれる · 고보레루）넘쳐흐르다
零細（れいさい · 레이사이）영세
零落（れいらく · 레이라꾸）영락

困る

こまる · 고마루
こん · 공

곤란하다, 시달리다

困り切る (こまりきる · 고마리끼루) 궁지에 몰리다
困り者 (こまりもの · 고마리모노) 말썽꾸러기
困境 (こんきょう · 공꾜오) 곤경
貧困 (ひんこん · 힝꽁) 빈곤

混む

こむ · 고무
こん · 공

붐비다, 혼잡하다

込み合い (こみあい · 고미아이) 혼잡, 북새통
込み入る (こみいる · 고미이루) 복잡하게 얽히다
混合 (こんごう · 공고오) 혼합
混血児 (こんけつじ · 공께쓰지) 혼혈아

米

こめ · 고메
まい · 마이, べい · 베이

쌀

※ 「米」는 음독이 「まい」도 되고 「べい」도 되는 등 까다롭다.

米俵 (こめだわら · 고메다와라) 쌀가마니
米粒 (こめつぶ · 고메쓰부) 쌀알
玄米 (げんまい · 겐마이) 현미
白米 (はくまい · 하꾸마이) 백미
米国 (べいこく · 베이꼬꾸) 미국
米作 (べいさく · 베이사꾸) 미작

懲りる
こりる · 고리루
ちょう · 죠오

질리다, 넌더리나다

懲懲 (こりごり · 고리고리) 질색, 지긋지긋함
性懲りなく (しょうこりなく · 쇼오고리나꾸) 질리지도 않고
懲役 (ちょうえき · 죠오에끼) 징역
懲罰 (ちょうばつ · 죠오바쓰) 징벌

殺す
ころす · 고로스
さつ · 사쓰

죽이다, 목숨을 끊다

殺し (ころし · 고로시) 살인, 살생
殺し屋 (ころしや · 고로시야) 킬러
殺害 (さつがい · 사쓰가이) 살해
殺人 (さつじん · 사쓰징) 살인
殺到 (さっとう · 삿또오) 쇄도

転ぶ
ころぶ · 고로부
てん · 뎅

자빠지다, 뒹굴다

転がる (ころがる · 고로가루) 구르다, 자빠지다
転ばす (ころばす · 고로바스) 굴리다, 쓰러뜨리다
転出 (てんしゅつ · 뎬슈쓰) 전출
運転 (うんてん · 운뗑) 운전

衣

ころも · 고로모
い · 이

옷, 의복

衣替え (ころもがえ · 고로모가에) 옷을 갈아입음
衣手 (ころもで · 고로모데) 옷소매. 「袖(そで)」와 같음
衣食住 (いしょくじゅう · 이쇼꾸쥬우) 의식주
衣服 (いふく · 이후꾸) 의복

恐い

こわい · 고와이
きょう · 교오

무섭다.
「恐ろしい」와 같음

恐がる (こわがる · 고와가루) 두려워하다
恐恐 (こわごわ · 고와고와) 잔뜩 두려워하는 모양
恐喝 (きょうかつ · 교오까쓰) 공갈
恐慌 (きょうこう · 교오꼬오) 공황

壊れる 

こわれる · 고와레루
かい · 가이

부서지다, 망가지다

壊す (こわす · 고와스) 부수다, 파괴하다
壊れ物 (こわれもの · 고와레모노) 파손된 물건
壊滅 (かいめつ · 가이메쓰) 괴멸
破壊 (はかい · 하까이) 파괴

逆

さか · 사까
ぎゃく · 갸꾸

거꾸로 된 모양, 역

逆様 (さかさま · 사까사마) 거꾸로 됨, 반대로 됨
逆立ち (さかだち · 사까다찌) 물구나무서기
逆転 (ぎゃくてん · 갸꾸뗑) 역전
反逆 (はんぎゃく · 항갸꾸) 반역

境

さかい · 사까이
きょう · 교오

경계, 갈림길

境目 (さかいめ · 사까이메) 경계선, 갈림길
環境 (かんきょう · 강꾜오) 환경
国境 (こっきょう · 곳꾜오) 국경
境内 (けいだい · 게이다이) (사찰의) 경내

栄える

さかえる · 사까에루
えい · 에이

번영하다

栄え (さかえ · 사까에) 번영
栄光 (えいこう · 에이꼬오) 영광
繁栄 (はんえい · 항에이) 번영

捜す　さがす・사가스　　찾다. 「探す(さがす)」역시
　　　　そう・소오　　　같은 뜻임

捜し絵 (さがしえ・사가시에) 그림찾기
捜し物 (さがしもの・사가시모노) 찾는 물건
捜査 (そうさ・소오사) 수사
捜索 (そうさく・소오사꾸) 수색

魚　さかな・사까나
　　ぎょ・교　　　　생선

※ 앞에서 배웠듯이 「물고기」일 때는 발음이 「うお」이다.

魚屋 (さかなや・사까나야) 생선가게, 생선장수
魚焼き (さかなやき・사까나야끼) 생선구이
魚類 (ぎょるい・교루이) 어류
人魚 (にんぎょ・닝교) 인어

盛ん　さかん・사깡
　　せい・세이　　　번창함, 왕성함

盛り (さかり・사까리) 한창(때)
盛り場 (さかりば・사까리바) 번화가
盛況 (せいきょう・세이꾜오) 성황
旺盛 (おうせい・오오세이) 왕성

先

さき・사끼
せん・셍

앞, 선두, 끝

先払い (さきばらい・사끼바라이) 선불, 전불(前拂)
先触れ (さきぶれ・사끼부레) 예고, 전조(前兆)
先生 (せんせい・센세이) 선생
先頭 (せんとう・센또오) 선두

酒

さけ・사께, さか・사까
しゅ・슈

술

※「酒」는 훈독이 「さけ」도 되고 「さか」도 된다.

酒癖 (さけくせ・사께구세) 술버릇
酒飲み (さけのみ・사께노미) 술꾼
酒手 (さかて・사까떼) 팁, 수고료
酒屋 (さかや・사까야) 술집, 술장수
酒宴 (しゅえん・슈엥) 주연, 술잔치
飲酒 (いんしゅ・인슈) 음주

蔑む

さげすむ・사게스무
べつ・베쓰

깔보다, 업신여기다

蔑み (さげすみ・사게스미) 멸시, 경멸
蔑視 (べっし・벳시) 멸시
軽蔑 (けいべつ・게이베쓰) 경멸

叫ぶ
さけぶ · 사께부
きょう · 교오

외치다, 부르짖다

叫び (さけび · 사께비) 고함, 함성
叫び声 (さけびごえ · 사께비고에) 외치는 소리
阿鼻叫喚 (あびきょうかん · 아비교오깡) 아비규환
絶叫 (ぜっきょう · 젯꾜오) 절규

裂ける
さける · 사께루
れつ · 레쓰

찢어지다, 터지다

裂け目 (さけめ · 사께메) 갈라진 곳, 터진 곳
決裂 (けつれつ · 게쓰레쓰) 결렬
破裂 (はれつ · 하레쓰) 파열

支える
ささえる · 사사에루
し · 시

떠받치다, 지탱하다

支え (ささえ · 사사에) 받침, 지주(支柱)
支え石 (ささえいし · 사사에이시) 받침돌, 초석(礎石)
支店 (してん · 시뗑) 지점
気管支 (きかんし · 기깡시) 기관지

捧げる　ささげる·사사게루 / ほう·호오　　바치다, 받들어올리다

捧げ銃　(ささげじゅう·사사게쥬우)　받들어 총
捧げ物　(ささげもの·사사게모노)　신불에 바치는 물건
捧持　(ほうじ·호오지)　높이 받들어 들다
捧呈　(ほうてい·호오떼이)　봉정, 손으로 받들어 올림

指す　さす·사스 / し·시　　가리키다, 지적하다

指図　(さしず·사시즈)　지시, 지휘
指値　(さしね·사시네)　지정된 값
指導　(しどう·시도오)　지도
指名手配　(しめいてはい·시메이데하이)　지명수배

差す　さす·사스 / さ·사　　비치다, 넣다, 꽂다

差し込み　(さしこみ·사시꼬미)　플러그, 콘센트
差し支え　(さしつかえ·사시쓰까에)　지장
差異　(さい·사이)　차이
差別　(さべつ·사베쓰)　차별

誘う
さそう・사소우
ゆう・유우

꾀다, 유혹하다

誘い （さそい・사소이) 권유, 유혹
誘い出し （さそいだし・사소이다시) 꾀어냄, 불러냄
誘拐 （ゆうかい・유우까이) 유괴
勧誘 （かんゆう・강유우) 권유

定める
さだめる・사다메루
てい・데이

정하다, 제정하다

定まり （さだまり・사다마리) 규정, 정해짐
定めし （さだめし・사다메시) 필경, 아마도
定札制 （ていさつせい・데이사쓰세이) 정찰제
決定 （けってい・겟떼이) 결정

里
さと・사또
り・리

마을, 아내 · 양자 등의
본가(本家)

里芋 （さといも・사또이모) 토란
里心 （さとごころ・사또고꼬로) 친정생각
里程標 （りていひょう・리떼이효오) 이정표
十里 （じゅうり・쥬우리) 100리

悟る

さとる・사또루
ご・고

깨닫다

悟り （さとり・사또리） 깨달음, 득도(得道)
悟性 （ごせい・고세이） 오성
覚悟 （かくご・가꾸고） 각오

寂しい

さびしい・사비시이
じゃく・쟈꾸

쓸쓸하다, 허전하다. 「淋
（さび）しい」라고도 함

寂しさ （さびしさ・사비시사） 쓸쓸함, 적적함
寂れる （さびれる・사비레루） 쇠퇴하다, 쓸쓸해지다
寂莫 （じゃくばく・쟈꾸바꾸） 적막
静寂 （せいじゃく・세이쟈꾸） 정적

様

さま・사마
よう・요오

모양, 상태, 모습

様様 （さまざま・사마자마） 여러 가지, 가지각색
有様 （ありさま・아리사마） 모양, 상태
様子 （ようす・요오스） 상황, 상태
同様 （どうよう・도오요오） 마찬가지

妨げる

さまたげる・사마따게루
ぼう・보오

방해하다
지장을 주다

妨げ （さまたげ・사마따게） 방해, 지장
妨害 （ぼうがい・보오가이） 방해
妨止 （ぼうし・보오시） 방지

寒い

さむい・사무이
かん・강

춥다, 차다

寒気 （さむけ・사무께） 한기, 오한
寒さ （さむさ・사무사） 추위
寒流 （かんりゅう・간류우） 한류
防寒帽 （ぼうかんぼう・보오깐보오） 방한모

猿

さる・사루
えん・엥

원숭이

猿知恵 （さるぢえ・사루지에） 얕은 꾀, 잔재주
猿股 （さるまた・사루마따） 팬츠, 잠방이
猿人類 （えんじんるい・엔진루이） 원인류
犬猿 （けんえん・겡엥） 견원, 개와 원숭이

騒ぐ

さわぐ・사와구
そう・소오

떠들다, 시끄럽게 굴다

騒ぎ （さわぎ・사와기） 소동
騒ぎ立てる （さわぎたてる・사와기다떼루） 떠들어대다
騒音 （そうおん・소오옹） 소음
騒動 （そうどう・소오도오） 소동

触る

さわる・사와루
しょく・쇼꾸

닿다, 손을 대다

触り （さわり・사와리） 촉감, 닿는 느낌
触角 （しょっかく・숏까꾸） 촉각
接触 （せっしょく・셋쇼꾸） 접촉

塩

しお・시오
えん・엥

소금, 식염

塩辛い （しおからい・시오가라이） 짜다
塩気 （しおけ・시오께） 소금기, 짠 맛
塩素 （えんそ・엔소） 염소
食塩 （しょくえん・쇼꾸엥） 식염

潮

しお・시오
ちょう・죠오

조수, 바닷물

潮風 (しおかぜ・시오가제) 바닷바람
潮路 (しおじ・시오지) 조수가 드나드는 길
潮流 (ちょうりゅう・죠오류우) 조류
干潮 (かんちょう・간죠오) 간조, 썰물

叱る

しかる・시까루
しっ・싯

꾸짖다, 야단치다

叱り (しかり・시까리) 꾸중, 책망
叱り付ける (しかりつける・시까리쓰게루) 몹시 꾸짖다
叱責 (しっせき・싯세끼) 질책
叱咤 (しった・싯따) 질타

敷く

しく・시꾸
しき・시끼

깔다, 깔고 앉다

敷居 (しきい・시끼이) 문턱, 문지방
敷物 (しきもの・시끼모노) 깔개, 까는 물건
座敷 (ざしき・자시끼) 객실
屋敷 (やしき・야시끼) 저택, 고급주택

静か

しずか · 시즈까
せい · 세이

조용한 모양

静けさ (しずけさ · 시즈께사) 조용함, 정적
静静 (しずしず · 시즈시즈) 몹시 조용한 모양
静粛 (せいしゅく · 세이슈꾸) 정숙
動静 (どうせい · 도오세이) 동정

沈む

しずむ · 시즈무
ちん · 징

가라앉다

沈み (しずみ · 시즈미) 침몰, 가라앉음
沈める (しずめる · 시즈메루) 가라앉히다
沈没 (ちんぼつ · 진보쓰) 침몰
沈黙 (ちんもく · 진모꾸) 침묵

下

した · 시따, しも · 시모
か · 가, げ · 게

아래, 밑, 밑부분

※「下」는 훈독이「した」도「しも」도 되며, 음독 또한「か」도 되고
「げ」도 되는 등 그 발음이 매우 까다롭다.

下請け (したうけ · 시따우께) 하청
下着 (したぎ · 시따기) 속옷
下手 (しもて · 시모떼) 아래쪽

下半期 (しもはんき・시모항끼) 하반기
下等 (かとう・가또오) 하등
降下 (こうか・고오까) 강하
落下 (らっか・랏까) 낙하
下山 (げさん・게상) 하산
下痢 (げり・게리) 설사

舌

した・시따
ぜつ・제쓰

혀, 혓바닥

舌打ち (したうち・시따우찌) 혀를 참
舌鼓 (したつづみ・시따쓰즈미) 입맛을 다심
毒舌 (どくぜつ・도꾸제쓰) 독설
筆舌 (ひつぜつ・히쓰제쓰) 필설

従う

したがう・시따가우
じゅう・쥬우

따르다, 좇다

従える (したがえる・시따가에루) 거느리다, 따르게 하다
従って (したがって・시따갓떼) 따라서
従軍 (じゅうぐん・쥬우궁) 종군
服従 (ふくじゅう・후꾸쥬우) 복종

親しい 

したしい・시따시이
しん・싱

친하다, 사이가 좋다

親しみ （したしみ・시따시미） 친숙, 친밀감
親しむ （したしむ・시따시무） 친하게 지내다
親切 （しんせつ・신세쓰） 친절
親友 （しんゆう・싱유우） 친우, 친한 친구

強か

したたか・시따다까
きょう・교오, ごう・고오

호되다

※「強」는 음독이「きょう」도 되고「ごう」도 된다.

強か者 （したたかもの・시따다까모노） 만만치 않은 자
強化 （きょうか・교오까） 강화
強調 （きょうちょう・교오쬬오） 강조
強盗 （ごうとう・고오또오） 강도
強力犯 （ごうりきはん・고오리끼항） 강력범

滴る

したたる・시따따루
てき・데끼

방울져 떨어지다

滴り （したたり・시따따리） 물방울, 물방울이 떨어짐
一滴 （いってき・잇떼끼） 한 방울
硯滴 （けんてき・겐떼끼） 연적, 벼룻물

品
しな・시나
ひん・힝

물건, 물품, 상품

品切れ （しなぎれ・시나기레） 품절
品物 （しなもの・시나모노） 물건, 물품
品質 （ひんしつ・힌시쓰） 품질
物品 （ぶっぴん・붓삥） 물품

忍ぶ
しのぶ・시노부
にん・닝

견디다, 남이 모르게 하다

忍び込む （しのびこむ・시노비꼬무） 몰래 들어가다
忍び泣き （しのびなき・시노비나끼） 소리를 죽이고 우는 울음
忍耐 （にんたい・닌따이） 인내
残忍 （ざんにん・잔닝） 잔인

渋い
しぶい・시부이
じゅう・쥬우

떫다

渋柿 （しぶがき・시부가끼） 떫은 감
渋渋 （しぶしぶ・시부시부） 마지못해
渋面 （じゅうめん・쥬우멩） 찌푸린 얼굴
難渋 （なんじゅう・난쥬우） 일이 술술 나가지 못함

島　　しま・시마
　　とう・도오　　　　섬

島国 (しまぐに・시마구니) 섬나라
島流し (しまながし・시마나가시) 유형(流刑), 유배
島嶼 (とうしょ・도오쇼) 도서
列島 (れっとう・렛또오) 열도

染みる　　しみる・시미루
　　せん・셍　　　　스며들다, 배다

染み付く (しみつく・시미쓰꾸) 얼룩이지다
染み抜き (しみぬき・시미누끼) 얼룩빼기
染色 (せんしょく・셍쇼꾸) 염색
伝染病 (でんせんびょう・덴셍뵤오) 전염병

示す　　しめす・시메스
　　じ・지　　　　나타내다, 가리키다

示し (しめし・시메시) 계시, 교시(教示)
示し合わせ (しめしあわせ・시메시아와세) 미리 짜맞춤
示威 (じい・지이) 시위, 데모
掲示板 (けいじばん・게이지방) 게시판

占める　しめる·시메루
せん·셍

차지하다, 자리잡다

独り占め（ひとりじめ·히또리지메）독차지, 독점
占有（せんゆう·셍유우）점유
占領（せんりょう·센료오）점령

霜　しも·시모
そう·소오

서리

霜柱（しもばしら·시모바시라）서릿발
霜焼け（しもやけ·시모야께）동상(凍傷)
霜害（そうがい·소오가이）상해
星霜（せいそう·세이소오）성상

調べる　しらべる·시라베루
ちょう·죠오

조사하다, 검토하다

調べ（しらべ·시라베）조사, 점검
調べ革（しらべかわ·시라베가와）피대(皮帶)
調達（ちょうたつ·죠오따쓰）조달
順調（じゅんちょう·쥰쬬오）순조

退く

しりぞく · 시리조꾸
たい · 다이

물러나다, 후회하다

退ける (しりぞける · 시리조께루) 물리치다, 멀리하다
退却 (たいきゃく · 다이꺄꾸) 퇴각
進退 (しんたい · 신따이) 진퇴

知る

しる · 시루
ち · 지

알다

知らず知らず (しらずしらず · 시라즈시라즈) 모르는 사이에, 어느새
知り合い (しりあい · 시리아이) 아는 사이(사람)
知恵 (ちえ · 지에) 지혜
知能 (ちのう · 지노오) 지능

汁

しる · 시루
じゅう · 쥬우

국물, 즙

汁気 (しるけ · 시루께) 물기(의 정도)
味噌汁 (みそしる · 미소시루) 된장국
果汁 (かじゅう · 가쥬우) 과즙, 과일즙
胆汁 (たんじゅう · 단쥬우) 담즙

印

しるし・시루시
いん・잉

표, 표지, 안표

印付け （しるしつけ・시루시쓰께） 표시해 둠
丸印 （まるじるし・마루지루시） 둥근 표
印刷 （いんさつ・인사쓰） 인쇄
印象 （いんしょう・인쇼오） 인상

記す

しるす・시루스
き・기

적다, 기록하다

記し （しるし・시루시） 기록
記し物 （しるしもの・시루시모노） 기록물
記者 （きしゃ・기샤） 기자
記念物 （きねんぶつ・기넨부쓰） 기념물

白

しろ・시로
はく・하꾸, びゃく・뱌꾸

백, 흰색

※「白」는 음독이 「はく」도 되고 「びゃく」도 된다.

白馬 （しろうま・시로우마） 백마
白地 （しろじ・시로지） 흰 바탕
白菜 （はくさい・하꾸사이） 야채
白墨 （はくぼく・하꾸보꾸） 백묵, 분필
白蓮 （びゃくれん・뱌꾸렝） 백련
黒白 （こくびゃく・고꾸뱌꾸） 흑백

城

しろ・시로
じょう・죠오

성

城跡（しろあと・시로아또）성터, 성지
城攻め（しろぜめ・시로제메）성을 공격함
城壁（じょうへき・죠오헤끼）성벽
落城（らくじょう・라꾸죠오）낙성

巣

す・스
そう・소오

(짐승의) 둥지

空巣狙い（あきすねらい・아끼스네라이）빈집털이
くもの巣（くものす・구모노스）거미집, 거미줄
巣窟（そうくつ・소오꾸쓰）소굴
卵巣（らんそう・란소오）난소

図

ず・즈
と・도

그림, 도모하다

図面（ずめん・즈멩）도면
地図（ちず・지즈）지도
図書（としょ・도쇼）도서, 서적
企図（きと・기또）기도, 꾀함

吸う

すう・스우
きゅう・규우

마시다, 들이마시다

吸殻 (すいがら・스이가라) 담배꽁초
吸い込む (すいこむ・스이꼬무) 빨아들이다
吸収 (きゅうしゅう・규우슈우) 흡수
呼吸 (こきゅう・고뀨우) 호흡

末

すえ・스에
まつ・마쓰

끝, 마지막

末末 (すえずえ・스에즈에) 끝내, 영원히
末娘 (すえむすめ・스에무스메) 막내딸
末期 (まつご・마쓰고) 말기, 임종(臨終)
年末 (ねんまつ・넨마쓰) 연말

姿

すがた・스가따
し・시

모습, 모양

姿見 (すがたみ・스가따미) 체경(体鏡)
寝間着姿 (ねまきすがた・네마끼스가따) 잠옷차림
姿勢 (しせい・시세이) 자세
勇姿 (ゆうし・유우시) 용자, 용감한 모습

過ぎる

すぎる・스기루
か・가

지나가다, 통과하다

過ぎし （すぎし・스기시） 지나간
過ぎ者 （すぎもの・스기모노） 과분한 상대
過程 （かてい・가떼이） 과정
通過 （つうか・쓰우까） 통과

直ぐ

すぐ・스구
ちょく・죠꾸, ちょっ・죳

곧, 즉시, 바로

※「直」는 음독이 「ちょく」도 되고 「ちょっ」도 되는 등 까다롭다.

直ぐ様 （すぐさま・스구사마） 즉각, 당장
直ぐに （すぐに・스구니） 즉시, 곧
直接 （ちょくせつ・죠꾸세쓰） 직접
垂直 （すいちょく・스이죠꾸） 수직
直感 （ちょっかん・죳깡） 직감
直径 （ちょっけい・죳께이） 직경

救う

すくう・스꾸우
きゅう・규우

구하다, 도와주다

救い上げる （すくいあげる・스꾸이아게루） 구해내다
救い主 （すくいぬし・스꾸이누시） 구세주
救助 （きゅうじょ・규우죠） 구조
救命具 （きゅうめいぐ・규우메이구） 구명구

少ない

すくない·스꾸나이
しょう·쇼오

적다, 나이가 어리다

少なからず（すくなからず·스꾸나가라즈）적지않이
少なくとも（すくなくとも·스꾸나꾸또모）적어도
少年（しょうねん·쇼오넹）소년
多少（たしょう·다쇼오）다소

勝れる

すぐれる·스구레루
しょう·쇼오

뛰어나다, 우수하다

勝れ者（すぐれもの·스구레모노）뛰어난 자
勝れ業（すぐれわざ·스구레와자）뛰어난 재주
勝利（しょうり·쇼오리）승리
名勝地（めいしょうち·메이쇼오찌）명승지

筋

すじ·스지
きん·깅

줄기, 줄거리

筋道（すじみち·스지미찌）사리, 조리
筋目（すじめ·스지메）접은 줄, 접은 주름
筋肉（きんにく·긴니꾸）근육
鉄筋（てっきん·뎃낑）철근

涼しい

すずしい · 스즈시이
りょう · 료오

시원하다, 서늘하다

涼しさ (すずしさ · 스즈시사) 시원함
涼やか (すずやか · 스즈야까) 상쾌한 모양
清涼飲料 (せいりょういんりょう · 세이료오인료오) 청량음료
納涼物 (のうりょうぶつ · 노오료오부쓰) 납량물

進む

すすむ · 스스무
しん · 싱

(앞으로) 나아가다

進み (すすみ · 스스미) 진행, 진도(進度)
進める (すすめる · 스스메루) 진행하다, 앞으로 나아가게 하다
進化 (しんか · 싱까) 진화
行進 (こうしん · 고오싱) 행진

雀

すずめ · 스즈메
じゃく · 쟈꾸

참새

雀色 (すずめいろ · 스즈메이로) 다갈색
雀の涙 (すずめのなみだ · 스즈메노나미다) 새발의 피
雀躍 (じゃくやく · 쟈꾸야꾸) 좋아서 기뻐날뜀
孔雀 (くじゃく · 구쟈꾸) 공작새

捨てる
すてる・스떼루
しゃ・샤

버리다
「棄(す)てる」라고도 함

捨て値 (すてね・스떼네) 헐값, 싼값
捨て鉢 (すてばち・스떼바찌) 자포자기
喜捨 (きしゃ・기샤) 희사
用捨 (ようしゃ・요오샤) 취사선택

砂

すな・스나
さ・사, しゃ・샤

모래

※「砂」는 음독이 「さ」도 되고 「しゃ」도 되며 또 「じゃ」도 된다.

砂煙 (すなけむり・스나게무리) 모래먼지
砂浜 (すなはま・스나하마) 모래사장
砂金 (さきん・사낑) 사금
砂漠 (さばく・사바꾸) 사막
砂利 (じゃり・쟈리) 자갈, 작은 돌
熱砂 (ねっしゃ・넷샤) 열사, 뜨거운 모래

滑る
すべる・스베루
かつ・가쓰

미끄러지다

滑らす (すべらす・스베라스) 미끄러뜨리다
滑り台 (すべりだい・스베리다이) 미끄럼틀
滑走路 (かっそうろ・갓소오로) 활주로
円滑 (えんかつ・엥까쓰) 원활

炭

すみ·스미
たん·당

숯, 목탄

炭籠 (すみかご·스미가고) 숯바구니
炭焼き (すみやき·스미야끼) 숯을 굽는 사람
炭鉱 (たんこう·당꼬오) 탄광
石炭 (せきたん·세끼땅) 석탄

墨

すみ·스미
ぼく·보꾸

먹

墨色 (すみいろ·스미이로) 먹빛, 검은 빛깔
墨絵 (すみえ·스미에) 묵화(墨畵)
墨汁 (ぼくじゅう·보꾸쥬우) 먹물
白墨 (はくぼく·하꾸보꾸) 백묵, 분필

住む

すむ·스무
じゅう·쥬우

살다, 거처하다

住処 (すみか·스미까) 거처, 살고 있는 곳
住み着き (すみつき·스미쓰끼) 정착
住所 (じゅうしょ·쥬우쇼) 주소
居住 (きょじゅう·교쥬우) 거주

鋭い

するどい・스루도이
えい・에이

날카롭다, 예리하다

鋭い頭 （するどいあたま・스루도이아따마） 날카로운 머리
鋭敏 （えいびん・에이빙） 예민
鋭利 （えいり・에이리） 예리

座る

すわる・스와루
ざ・자

앉다

座り （すわり・스와리） 앉음, 앉음새
座り込み （すわりこみ・스와리꼬미） 눌러앉음
座席 （ざせき・자세끼） 좌석
座談会 （ざだんかい・자당까이） 좌담회

背

せ・세
はい・하이

등, 키, 산등성이

背丈 （せたけ・세다께） 신장, 키
背伸び （せのび・세노비） 발돋음
背恩 （はいおん・하이옹） 배은
背景 （はいけい・하이게이） 배경

節

ふし・후시
せつ・세쓰

마디, 가락, 절조

節付け （ふしつけ・후시쓰께） 가락붙이기
指節 （ゆびふし・유비후시） 손가락마디
節度 （せつど・세쓰도） 절도
関節 （かんせつ・간세쓰） 관절

銭

ぜに・제니
せん・셍

엽전, 돈

銭占 （ぜにうら・제니우라） 돈을 던져서 치는 점
銭形 （ぜにがた・제니가따） 엽전모양
金銭 （きんせん・긴셍） 금전
5銭玉 （ごせんだま・고센다마） 5전짜리

狭い

せまい・세마이
きょう・교오

좁다

狭き門 （せまきもん・세마끼몽） 좁은 문
狭苦しい （せまくるしい・세마구루시이） 옹색하다
狭小 （きょうしょう・교오쇼오） 협소
偏狭 （へんきょう・헹꾜오） 편협

迫る
せまる・세마루
はく・하꾸

다가오다, 육박하다

迫り （せまり・세마리） 다가옴, 육박
迫害 （はくがい・하꾸가이） 박해
迫力 （はくりょく・하꾸료꾸） 박력

攻める
せめる・세메루
こう・고오

공격하다, 진격하다

攻め手 （せめて・세메떼） 공격군, 공격수단
攻め破る （せめやぶる・세메야부루） 격파하다
攻勢 （こうせい・고오세이） 공세
難攻 （なんこう・낭꼬오） 난공

責める
せめる・세메루
せき・세끼

나무라다, 비난하다

責め立てる （せめたてる・세메다떼루） 몰아세우다
責め付ける （せめつける・세메쓰께루） 호되게 나무라다
責任 （せきにん・세끼닝） 책임
問責 （もんせき・몬세끼） 문책

底 そこ · 소꼬
てい · 데이　　바닥, 밑바닥

底力 (そこぢから · 소꼬지까라) 저력
底値 (そこね · 소꼬네) 바닥시세
底流 (ていりゅう · 데이류우) 저류
海底 (かいてい · 가이떼이) 해저, 바다 밑

育つ そだつ · 소다쓰
いく · 이꾸　　자라나다, 성장하다

育て (そだて · 소다떼) 양육, 태생
育成 (いくせい · 이꾸세이) 육성
発育 (はついく · 하쓰이꾸) 발육

袖 そで · 소데
しゅう · 슈우　　소매, 책상 양쪽의 서랍

袖裏 (そでうら · 소데우라) 소매안감
袖無し (そでなし · 소데나시) 소매 없는 옷
袖手傍観 (しゅうしゅぼうかん · 슈우슈보오깡) 수수방관
領袖 (りょうしゅう · 료오슈우) 영수

外

そと・소또, ほか・호까
がい・가이

바깥, 밖, 겉

※「外」는 훈독이 「そと」도 되고 「ほか」도 되는 등 사용방법이 까다롭다.

外廻り（そとまわり・소또마와리）외근(外勤)
外見（そとみ・소또미）겉보기, 외견
外の人（ほかのひと・호까노히또）다른 사람
思いの外（おもいのほか・오모이노호까）뜻밖
外交（がいこう・가이꼬오）외교
外人（がいじん・가이징）외국인, 외국사람

備える

そなえる・소나에루
び・비

준비하다, 대비하다

備え（そなえ・소나에）준비, 대비
備え付け（そなえつけ・소나에쓰께）설치
完備（かんび・간비）완비
準備（じゅんび・준비）준비

園

その・소노
えん・엥

동산, 정원, 뜰

花園（はなぞの・하나조노）화원, 꽃동산
学びの園（まなびのその・마나비노소노）배움의 동산
園遊会（えんゆうかい・엥유우까이）원유회
公園（こうえん・고오엥）공원

側

そば・소바, かわ・가와
そく・소꾸

곁, 옆

※「側」 또한 훈독이 「そば」도 되고 「かわ」도 된다.

側仕え (そばづかえ・소바즈까에) 곁에서 시중을 들다
側目 (そばめ・소바메) 곁눈질
内側 (うちがわ・우찌가와) 안쪽
右側 (みぎがわ・미기가와) 오른쪽
側室 (そくしつ・소꾸시쓰) 측실, 첩(妾)
側近 (そっきん・솟낑) 측근

背く

そむく・소무꾸
はい・하이

등지다, 배반하다

背き (そむき・소무끼) 배반, 배신
背ける (そむける・소무께루) 외면하다, 등을 돌리다
背泳 (はいえい・하이에이) 배영
背景 (はいけい・하이께이) 배경

空

そら・소라, から・가라
くう・구우

하늘, 공중, 빈껍데기

※「空」는 훈독이 「そら」도 되고 「から」도 된다.

空模様 (そらもよう・소라모요오) 날씨
青空 (あおぞら・아오조라) 푸른하늘
空元気 (からげんき・가라겡끼) 허세, 객기
空手 (からて・가라떼) 맨손, 빈손
空軍 (くうぐん・구우궁) 공군
空港 (くうこう・구우꼬오) 공항

田

た・다
でん・뎅　　　　　　논

田植え （たうえ・다우에） 모내기, 모심기
田吾作 （たごさく・다고사꾸） 촌뜨기
田園 （でんえん・뎅엥） 전원
油田 （ゆでん・유뎅） 유전

平ら

たいら・다이라
へい・헤이　　　평평함, 평탄함

※「平らげる」는「평정하다」라는 뜻과 음식을「먹어치우다」라는 두
　가지 뜻이 있다.

平貝 （たいらがい・다이라가이） 키조개
平らげる （たいらげる・다이라게루） 평정하다, 먹어치우다
平均 （へいきん・헤이낑） 평균
平日 （へいじつ・헤이지쓰） 평일

耐える

たえる・다에루
たい・다이　　　견디다, 참다

耐え難い （たえがたい・다에가따이） 견디기 힘들다
耐え忍ぶ （たえしのぶ・다에시노부） 참고 견디다
耐久性 （たいきゅうせい・다이뀨우세이） 내구성
忍耐 （にんたい・닌따이） 인내

絶える
たえる・다에루
ぜつ・제쓰

끊기다, 끊어지다

絶えず （たえず・다에즈） 줄곧, 끊임없이
絶え間 （たえま・다에마） 짬, 끊어진 사이
絶望 （ぜつぼう・제쓰보오） 절망
断絶 （だんぜつ・단제쓰） 단절

倒れる
たおれる・다오레루
とう・도오

쓰러지다, 넘어지다

倒す （たおす・다오스） 쓰러뜨리다
倒れ （たおれ・다오레） 쓰러져 죽음
倒錯 （とうさく・도오사꾸） 도착
圧倒的 （あっとうてき・앗또오떼끼） 압도적

高い
たかい・다까이
こう・고오

높다, (값이) 비싸다

※「高い」는 높이가「높다」라는 뜻과 값이「비싸다」라는 두 가지
　　뜻이 있다.

高さ （たかさ・다까사） 높이
高飛び （たかとび・다까도비） 높이뛰기
高値 （たかね・다까네） 비싼 값
高低 （こうてい・고오떼이） 고저, 높고 낮음
崇高 （すうこう・스우꼬오） 숭고

宝

たから・다까라
ほう・호오

보물, 보배

宝探し （たからさがし・다까라사가시） 보물찾기
宝物 （たからもの・다까라모노） 보물
宝石 （ほうせき・호오세끼） 보석
国宝 （こくほう・고꾸호오） 국보

抱く

だく・다꾸
ほう・호오

(팔·가슴에) 안다

抱き合い （だきあい・다끼아이） 포옹
抱き締める （だきしめる・다끼시메루） 부둥켜안다
抱負 （ほうふ・호오후） 포부
介抱 （かいほう・가이호오） 간호, 병구완

類

たぐい・다구이
るい・루이

같은 부류, 무리

類う （たぐう・다구우） 같은 정도의 것이 나란히 있음
類ぐまれ （たぐまれ・다구마레） 유례 없는, 보기드문
類型 （るいけい・루이께이） 유형
同類 （どうるい・도오루이） 동류, 같은 무리

巧み
たくみ · 다꾸미
こう · 고오

교묘함, 솜씨가 좋음

巧みな (たくみな · 다꾸미나) 교묘한
巧む (たくむ · 다꾸무) 꾸미다, 기교를 부리다
巧妙 (こうみょう · 고오묘오) 교묘
精巧 (せいこう · 세이꼬오) 정교함

企む
たくらむ · 다꾸라무
き · 기

꾀하다, 획책하다

企み (たくらみ · 다꾸라미) 계획, 기도(企圖)
企画 (きかく · 기까꾸) 기획
企業 (きぎょう · 기교오) 기업

蓄える
たくわえる · 다꾸와에루
ちく · 지꾸

대비하다, 기르다, 쌓다

蓄え (たくわえ · 다꾸와에) 비축, 여축
蓄財 (ちくざい · 지꾸자이) 축재
貯蓄 (ちょちく · 죠찌꾸) 저축

竹

たけ・다께
ちく・지꾸

대나무, 대

竹馬 (たけうま・다께우마) 죽마, 대말
竹槍 (たけやり・다께야리) 죽창
竹林 (ちくりん・지꾸링) 죽림, 대나무숲
爆竹 (ばくちく・바꾸지꾸) 폭죽

丈

たけ・다께
じょう・죠오

키, 신장

丈比べ (たけくらべ・다께구라베) 키재기
身の丈 (みのたけ・미노다께) 신장, 키
丈夫 (じょうぶ・죠오부) 건강, 튼튼함
一丈 (いちじょう・이찌죠오) 열 자, 약 3미터

確か

たしか・다시까
かく・가꾸

확실함, 틀림 없음

確に (たしかに・다시까니) 틀림없이
確かめる (たしかめる・다시까메루) 확인하다
確立 (かくりつ・가꾸리쓰) 확립
正確 (せいかく・세이까꾸) 정확

助ける
たすける・다스께루
じょ・죠

돕다, 살리다, 구하다

助け （たすけ・다스께） 도움, 구조
助け船 （たすけぶね・다스께부네） 구조선, 조력
助役 （じょやく・죠야꾸） 조역
援助 （えんじょ・엔죠） 원조

携える
たずさえる・다즈사에루
けい・게이

휴대하다, 지니다

携わる （たずさわる・다즈사와루） 종사하다, 관계하다
携帯品 （けいたいひん・게이따이힝） 휴대품
提携 （ていけい・데이게이） 제휴

尋ねる
たずねる・다즈네루
じん・징

묻다, 찾다

尋ね合わせ （たずねあわせ・다즈네아와세） 문의, 조회
尋ね物 （たずねもの・다즈네모노） (분실 등으로) 찾는 물건
尋常 （じんじょう・진죠오） 보통, 평범
尋問 （じんもん・진몽） 심문

称える
たたえる・다따에루
しょう・쇼오

칭찬(칭송)하다

称言 (たたえごと・다따에고또) 칭찬하는 말
称賛 (しょうさん・쇼오상) 칭찬
名称 (めいしょう・메이쇼오) 명칭

戦う
たたかう・다다까우
せん・셍

싸우다, 다투다

戦い (たたかい・다다까이) 싸움, 투쟁
戦争 (せんそう・센소오) 전쟁
冷戦 (れいせん・레이셍) 냉전

正しい
ただしい・다다시이
せい・세이

바르다, 옳다

正す (ただす・다다스) 바로잡다, 고치다
正義 (せいぎ・세이기) 정의
正当 (せいとう・세이또오) 정당

漂う ただよう・다다요우 / ひょう・효오   떠돌다, 표류하다

漂い （ただよい・다다요이） 떠돌음, 표류
漂わす （ただよわす・다다요와스） 떠돌게 하다
漂白 （ひょうはく・효오하꾸） 표백
漂流 （ひょうりゅう・효오류우） 표류

祟り たたり・다따리 / すう・스우   탈, 재앙

祟り目 （たたりめ・다따리메） 재앙을 당할 때
祟る （たたる・다따루） 탈나다, 덧나다
崇高 （すうこう・스우꼬오） 숭고
崇拝 （すうはい・스우하이） 숭배

達 たち・다찌 / たつ・다쓰   들

君達 （きみたち・기미다찌） 자네들
子供達 （こどもだち・고도모다찌） 아이들
達人 （たつじん・다쓰징） 달인
達成 （たっせい・닷세이） 달성

 **竜**　たつ・다쓰
りゅう・류우　　　　　용

竜髭 （たつひげ・다쓰히게） 용수염
竜巻 （たつまき・다쓰마끼） 강한 회오리바람
竜宮 （りゅうぐう・류우구우） 용궁
飛竜 （ひりゅう・히류우） 비룡

 **立つ**　たつ・다쓰
りつ・리쓰　　　일어서다, 일어나다

立ち合い （たちあい・다찌아이） 입회(立会)
立場 （たちば・다찌바） 입장, 처지
立案 （りつあん・리쓰앙） 입안
創立 （そうりつ・소오리쓰） 창립

 **断つ**　たつ・다쓰
だん・당　　　자르다, 끊다

断ち切る （たちきる・다찌끼루） 자르다, 절단하다
断ち割る （たちわる・다찌와루） 쪼개다, 뻐개다
断行 （だんこう・당꼬오） 단행
断然 （だんぜん・단젱） 단연

縦　たて・다떼　　じゅう・쥬우　　　세로

縦書き （たてがき・다떼가끼） 세로쓰기, 종서
縦縞 （たてじま・다떼지마） 세로의 줄무늬
縦断 （じゅうだん・쥬우당） 종단, 세로지름
放縦 （ほうじゅう・호오쥬우） 방종

建てる　たてる・다떼루　　けん・겡　　　짓다, 세우다

建前 （たてまえ・다떼마에） 상량(上梁), 방침, 원칙
建物 （たてもの・다떼모노） 건물, 건축물
建設 （けんせつ・겐세쓰） 건설
封建 （ほうけん・호오껭） 봉건

例えば　たとえば・다또에바　　れい・레이　　　예컨대, 이를테면

例え話 （たとえばなし・다또에바나시） 비유되는 이야기
例外 （れいがい・레이가이） 예외
例の通り （れいのとおり・레이노도오리） 여느때처럼

谷

たに・다니
こく・고꾸

골짜기, 산골짜기

谷底 (たにそこ・다니소꼬) 골짜기 밑
谷間 (たにま・다니마) 골짜기
渓谷 (けいこく・게이꼬꾸) 계곡
幽谷 (ゆうこく・유우꼬꾸) 유곡

種

たね・다네
しゅ・슈

종자, 씨

種切れ (たねぎれ・다네기레) 재료가 떨어짐
特種 (とくだね・도꾸다네) 특종
種類 (しゅるい・슈루이) 종류
雑種 (ざっしゅ・잣슈) 잡종

楽しい

たのしい・다노시이
らく・라꾸, がく・가꾸

즐겁다

楽しみ (たのしみ・다노시미) 즐거움, 낙
楽しむ (たのしむ・다노시무) 즐기다
楽天家 (らくてんか・라꾸뗑까) 낙천가
安楽 (あんらく・안라꾸) 안락
楽団 (がくだん・가꾸당) 악단
楽屋 (がくや・가꾸야) 무대 뒤, 분장실

頼む
たのむ・다노무
らい・라이

부탁하다, 당부하다

頼み （たのみ・다노미） 부탁, 청
頼み込み （たのみこみ・다노미꼬미） 신신당부
頼信紙 （らいしんし・라이신시） 전보용지
信頼 （しんらい・신라이） 신뢰

束
たば・다바
そく・소꾸

다발, 뭉치, 묶음

束ね （たばね・다바네） 묶음
札束 （さつたば・사쓰다바） 지폐뭉치
束縛 （そくばく・소꾸바꾸） 속박
拘束 （こうそく・고오소꾸） 구속

旅
たび・다비
りょ・료

여행

※「旅行（りょこう）」라고도 하지만 보통 그냥 「旅」라고 한다.

旅路 （たびじ・다비지） 여로
旅人 （たびびと・다비비또） 여행객, 나그네
旅客 （りょきゃく・료갸꾸） 여객
旅程 （りょてい・료떼이） 여정

食べる （たべる・다베루 / しょく・쇼꾸）　먹다

食べ滓 （たべかす・다베가스） 먹다남은 찌꺼기
食べ物 （たべもの・다베모노） 음식물, 먹거리
食糧 （しょくりょう・쇼꾸료오） 식량
外食 （がいしょく・가이쇼꾸） 외식

玉 （たま・다마 / ぎょく・교꾸）　옥, 주옥(珠玉)

玉突き （たまつき・다마쓰끼） 당구(撞球)
玉葱 （たまねぎ・다마네기） 양파
玉座 （ぎょくざ・교꾸자） 옥좌
玉石 （ぎょくせき・교꾸세끼） 옥석, 훌륭한 것과 하찮은 것

珠 （たま・다마 / しゅ・슈）　구슬, 진주

珠算 （たまざん・다마장） 주산, 수판셈
珠玉 （しゅぎょく・슈교꾸） 주옥
真珠 （しんじゅ・신쥬） 진주

卵

たまご · 다마고
らん · 랑

(새 · 물고기 · 벌레 등의) 알, 계란

卵色 (たまごいろ · 다마고이로) 달걀색, 연노랑색
卵焼き (たまごやき · 다마고야끼) 계란구이
卵子 (らんし · 란시) 난자
卵巣 (らんそう · 란소오) 난소

魂

たましい · 다마시이
こん · 공

넋, 영혼

魂気る (たまげる · 다마게루) 혼쭐나다, 기겁하다
負けじ魂 (まけじたましい · 마께지다마시이) 지지 않으려는 기백
魂胆 (こんたん · 곤땅) 속셈, 심뽀
霊魂 (れいこん · 레이꽁) 영혼

黙る

だまる · 다마루
もく · 모꾸

입을 다물다, 침묵하다

黙り (だまり · 다마리) 침묵
黙りこくる (だまりこくる · 다마리고꾸루) 입을 꽉 다물고 말을 안 함
黙殺 (もくさつ · 모꾸사쓰) 묵살
黙黙 (もくもく · 모꾸모꾸) 묵묵히

民

たみ・다미
みん・밍

인민, 국민

民草 (たみぐさ・다미구사) 민초, 백성
民間人 (みんかんじん・밍깐징) 민간인
民主主義 (みんしゅしゅぎ・민슈슈기) 민주주의

試す

ためす・다메스
し・시

시험하다, 실제로 해보다

試し (ためし・다메시) 시도(試図)
試し算 (ためしざん・다메시장) 검산(檢算)
試合 (しあい・시아이) 시합
試験 (しけん・시껭) 시험

溜める

ためる・다메루
りゅう・류우

모으다, 저축하다

溜息 (ためいき・다메이끼) 한숨
水溜り (みずたまり・미즈다마리) 물웅덩이
溜飲 (りゅういん・류우잉) 음식찌꺼기
蒸溜 (じょうりゅう・죠오류우) 증류

垂れる
たれる・다레루
すい・스이

늘어지다, 드리워지다

垂れ髪 (たれがみ・다레가미) 늘어뜨린 머리
垂れ幕 (たれまく・다레마꾸) 현수막
垂直 (すいちょく・스이쬬꾸) 수직
懸垂 (けんすい・겐스이) 턱걸이

戯れる
たわむれる・다와무레루
ぎ・기

장난치다, 희롱거리다

戯ける (たわける・다와께루) 까불다, 희롱대다
戯れ (たわむれ・다와무레) 장난, 농담
戯曲 (ぎきょく・기교꾸) 희곡, 연극
遊戯 (ゆうぎ・유우기) 유희

血
ち・지
けつ・게쓰

피, 혈액

血続き (ちつづき・지쓰즈끼) 혈연(血緣)
血眼 (ちまなこ・지마나꼬) 혈안
血液 (けつえき・게쓰에끼) 혈액
血族 (けつぞく・게쓰조꾸) 혈족
血色 (けっしょく・겟쇼꾸) 혈색

小さい　ちいさい・지이사이　しょう・쇼오

작다, 크지 않다

小さげ（ちいさげ・지이사게）작은듯한 모양
小さな（ちいさな・지이사나）작은
小説（しょうせつ・쇼오세쓰）소설
小便（しょうべん・쇼오벵）소변, 오줌

誓い　ちかい・지까이　せい・세이

맹세(의 말)

誓う（ちかう・지까우）맹세하다
誓言（せいげん・세이겡）맹세의 말
宣誓（せんせい・센세이）선서

近い　ちかい・지까이　きん・깅

가깝다, 친하다

近付く（ちかづく・지까즈꾸）접근하다, 다가가다
近道（ちかみち・지까미찌）지름길
近所（きんじょ・긴죠）근처
最近（さいきん・사이낑）최근

違う

ちがう · 지가우
い · 이

다르다, 틀리다

違い （ちがい · 지가이） 차이, 틀림
違える （ちがえる · 지가에루） 다르게 하다, 틀리게 하다
違反 （いはん · 이항） 위반
違法 （いほう · 이호오） 위법

力

ちから · 지까라
りょく · 료꾸, りき · 리끼

힘

※「力」는 음독이「りょく」도 되고「りき」도 되는 등 발음이 까다롭다.

力一杯 （ちからいっぱい · 지까라잇빠이） 힘껏
力持ち （ちからもち · 지까라모찌） 힘이 셈, 장사
精力 （せいりょく · 세이료꾸） 정력
努力 （どりょく · 도료꾸） 노력
力説 （りきせつ · 리끼세쓰） 역설
力点 （りきてん · 리끼뗑） 역점

契り

ちぎり · 지기리
けい · 게이

약속, 부부의 인연

契る （ちぎる · 지기루） 장래를 굳게 약속하다
契約 （けいやく · 게이야꾸） 계약
黙契 （もっけい · 못께이） 묵계

父

ちち・지찌
ふ・후

아버지, 부친

父上 （ちちうえ・지찌우에）아버님
父親 （ちちおや・지찌오야）부친
父兄 （ふけい・후께이）부형
父子 （ふし・후시）부자, 아버지와 자식

乳

ちち・지찌
にゅう・뉴우

젖, 유방 (乳房)

※「乳房」는「ちちふさ」가 아닌「ちぶさ」라는 사실에 유의할 것

乳臭い （ちちくさい・지찌구사이）젖비린내나다, 미숙하다
乳房 （ちぶさ・지부사）유방
乳製品 （にゅうせいひん・뉴우세이힝）유제품
牛乳 （ぎゅうにゅう・규우뉴우）우유

縮む

ちぢむ・지지무
しゅく・슈꾸

오그라들다, 주름지다

縮み上がる （ちぢみあがる・지지미아가루）움츠러들다
縮める （ちぢめる・지지메루）줄이다, 단축시키다
縮小 （しゅくしょう・슈꾸쇼오）축소
縮図 （しゅくず・슈꾸즈）축도

| **塵** | ちり・치리
じん・징 | 먼지, 티끌, 쓰레기 |

塵紙 (ちりがみ・지리가미) 휴지
塵取り (ちりとり・지리도리) 쓰레받기
塵埃 (じんあい・징아이) 티끌, 먼지
砂塵 (しゃじん・샤징) 모래먼지

| **散る** | ちる・지루
さん・상 | 떨어지다, 흩어지다,
사라지다 |

散らばる (ちらばる・지라바루) 마구 흩어지다
散り花 (ちりばな・지리바나) 떨어지는 꽃
散歩 (さんぽ・산뽀) 산보, 산책
解散 (かいさん・가이상) 해산

| **費やす** | ついやす・쓰이야스
ひ・히 | 소비하다, 시간이 걸리다 |

費やし (ついやし・쓰이야시) 소비, 낭비
費用 (ひよう・히요오) 비용
学費 (がくひ・가꾸히) 학비

使う
つかう・쓰까우
し・시
쓰다, 사용하다
고용하다

使いこなす (つかいこなす・쓰까이고나스) 잘 다루다
使い道 (つかいみち・쓰까이미찌) 용도, 사용처
使用 (しよう・시요오) 사용
大使 (たいし・다이시) 대사

仕える
つかえる・쓰까에루
し・시
섬기다, 봉사하다

仕え (つかえ・쓰까에) 섬김, 봉사
仕事 (しごと・시고또) 일, 업무
奉仕 (ほうし・호오시) 봉사

疲れる
つかれる・쓰까레루
ひ・히
지치다, 피로하다

疲らす (つからす・쓰까라스) 지치게 하다
疲れ (つかれ・쓰까레) 피로
疲弊 (ひへい・히헤이) 피폐
疲労 (ひろう・히로오) 피로

月

つき · 쓰끼
げつ · 게쓰, がつ · 가쓰　　　달, 월

月影 (つきかげ · 쓰끼가게) 달빛
月夜 (つきよ · 쓰끼요) 달밤
朧ろ月 (おぼろづき · 오보로즈끼) 으스름달
月末 (げつまつ · 게쓰마쓰) 월말
月曜日 (げつようび · 게쓰요오비) 월요일
正月 (しょうがつ · 쇼오가쓰) 정월
三月 (さんがつ · 상가쓰) 삼월

次

つぎ · 쓰기
じ · 지　　　다음, 버금

次次 (つぎつぎ · 쓰기쓰기) 차례차례, 잇달아
次の間 (つぎのま · 쓰기노마) 곁방
次男 (じなん · 지낭) 차남, 둘째아들
目次 (もくじ · 모꾸지) 목차, 차례

着く つく・쓰꾸 / ちゃく・쟈꾸   닿다, 도착하다

着き払い (つきばらい・쓰끼바라이) 도착 후에 하는 지불
落着き (おちつき・오찌쓰끼) 침착
着陸 (ちゃくりく・쟈꾸리꾸) 착륙
到着 (とうちゃく・도오쨔꾸) 도착

突く つく・쓰꾸 / とつ・도쓰   찌르다

突き刺す (つきさす・쓰끼사스) 푹 찌르다
突き止める (つきとめる・쓰끼도메루) 밝혀내다
突然 (とつぜん・도쓰젱) 돌연, 갑자기
衝突 (しょうとつ・쇼오또쓰) 충돌
突破口 (とっぱぐち・돗빠구찌) 돌파구
突飛 (とっぴ・돗삐) 엉뚱함

付く つく・쓰꾸 / ふ・후   붙다, 달라붙다

付け薬 (つけぐすり・쓰께구스리) 바르거나 붙이는 약
付け加え (つけくわえ・쓰께구와에) 덧붙임, 첨부
付近 (ふきん・후낑) 부근, 근처
付着 (ふちゃく・후쨔꾸) 부착

償う
つぐなう・쓰구나우
しょう・쇼오

갚다, 보상하다

償い （つぐない・쓰구나이） 보상, 보답, 속죄
償還 （しょうかん・쇼오깡） 상환
賠償 （ばいしょう・바이쇼오） 배상

作る
つくる・쓰꾸루
さく・사꾸, さ・사

만들다, 창조하다

※「作」는 음독이 「さく」도 되고 그냥 「さ」도 된다.

作り上げ （つくりあげ・쓰꾸리아게） 완성
作り方 （つくりかた・쓰꾸리까따） 만드는 방법
作品 （さくひん・사꾸힝） 작품
名作 （めいさく・메이사꾸） 명작
作業 （さぎょう・사교오） 작업
作用 （さよう・사요오） 작용

造る
つくる・쓰꾸루
ぞう・조오

만들다, 제조하다

造り庭 （つくりにわ・쓰꾸리니와） 인공정원
造り花 （つくりばな・쓰꾸리바나） 조화造花)
造詣 （ぞうけい・조오께이） 조예
石造 （せきぞう・세끼조오） 석조

告げる
つげる・쓰게루
こく・고꾸

고하다, 알리다

お告げ （おつげ・오쓰게） 신의 계시
告げ口 （つげぐち・쓰게구찌） 고자질, 밀고
告知書 （こくちしょ・고꾸찌쇼） 고지서
報告 （ほうこく・호오꼬꾸） 보고

伝える
つたえる・쓰따에루
でん・뎅

전하다, 미치게 하다

伝え付け （つたえつけ・쓰따에쓰께） 계승, 전수(傳受)
伝え話 （つたえばなし・쓰따에바나시） 전설(傳說)
伝達 （でんたつ・뎅따쓰） 전달
宣伝 （せんでん・센뎅） 선전

土

つち・쓰찌
ど・도

흙, 땅, 육지

土色 （つちいろ・쓰찌이로） 흙빛
土埃 （つちぼこり・쓰찌보꼬리） 흙먼지
土方 （どかた・도까따） 노가다, 막벌이꾼
国土 （こくど・고꾸도） 국토

培う 

つちかう · 쓰찌까우
ばい · 바이

배양하다, 북돋다

培い （つちかい · 쓰찌까이） 재배
培養 （ばいよう · 바이요오） 배양
栽培 （さいばい · 사이바이） 재배

筒

つつ · 쓰쓰
とう · 도오

통, 속이 빈 관(菅)

筒先 （つつさき · 쓰쓰사끼） 호스의 끝, 총부리
筒袖 （つつそで · 쓰쓰소데） 통소매, 통소매옷
水筒 （すいとう · 스이또오） 수통
封筒 （ふうとう · 후우또오） 봉투

続く

つづく · 쓰즈꾸
ぞく · 조꾸

계속되다, 이어지다

続け様 （つづけさま · 쓰즈께사마） 연달아, 잇달아
続ける （つづける · 쓰즈께루） 계속하다
続編 （ぞくへん · 조꾸헹） 속편
接続 （せつぞく · 세쯔조꾸） 접속

包む
つつむ・쓰쓰무
ほう・호오

싸다, 포장하다

包み（つつみ・쓰쓰미）포장, 보따리
包み隠す（つつみかくす・쓰쓰미가꾸스）싸감추다
包囲（ほうい・호오이）포위
包含（ほうがん・호오강）포함

勤める
つとめる・쓰또메루
きん・깅

근무하다, 애쓰다

※「勤め口（つとめぐち）」라고도 한다.

勤め先（つとめさき・쓰또메사끼）근무처, 직장
勤め人（つとめにん・쓰또메닝）월급장이, 샐러리맨
勤勉（きんべん・긴벵）근면, 부지런함
出勤（しゅっきん・슛낑）출근

綱
つな・쓰나
こう・고오

밧줄, 로프

綱引き（つなひき・쓰나히끼）줄다리기
綱渡り（つなわたり・쓰나와따리）줄타기, 곡예
綱目（こうもく・고오모꾸）강목
要綱（ようこう・요오꼬오）요강

 **繋ぐ**   つなぐ・쓰나구
けい・게이   매다, 묶어 놓다

繋がる （つながる・쓰나가루） 연결되다, 이어지다
繋ぎ （つなぎ・쓰나기） 연결, 이음
繋縛 （けいばく・게이바꾸） 계박, 묶어놓음
繋留 （けいりゅう・게이류우） 계류

 **常**   つね・쓰네
じょう・죠오   항상, 늘, 평소

常常 （つねづね・쓰네즈네） 평소, 평상시
常並み （つねなみ・쓰네나미） 보통, 일반
常識 （じょうしき・죠오시끼） 상식
日常品 （にちじょうひん・니찌죠오힝） 일상품

角   つの・쓰노
かく・가꾸   동물의 뿔

※「角」는 앞에서 배웠듯이「かど」라고 읽을 때는「모서리」「모퉁이」를 뜻
하지만, 「つの」로 읽을 때는 짐승의 「뿔」을 가리킨다.

角細工 （つのざいく・쓰노자이꾸） 뿔세공
角笛 （つのぶえ・쓰노부에） 뿔피리
角立つ （かどだつ・가도다쓰） 모나다
頭角 （とうかく・도오까꾸） 두각

粒

つぶ・쓰부
りゅう・류우

낱알, 알갱이

粒揃い （つぶぞろい・쓰부조로이） 모두가 나름대로 우수함
粒選り （つぶより・쓰부요리） 알짜만 골라냄, 또 골라낸 것
穀粒 （こくりゅう・고꾸류우） 곡식의 낱알
微粒子 （びりゅうし・비류우시） 미립자

妻

つま・쓰마
さい・사이

처, 아내, 마누라

妻恋い （つまごい・쓰마고이） 별거하는 부부가 상대를 그리워함
若妻 （わかづま・와까즈마） 젊은 아내
妻子 （さいし・사이시） 처자
夫妻 （ふさい・후사이） 부처

罪

つみ・쓰미
ざい・자이

죄, 벌

罪人 （つみびと・쓰미비또） 죄인
罪滅ぼし （つみほろぼし・쓰미호로보시） 속죄
罪悪 （ざいあく・자이아꾸） 죄악
犯罪 （はんざい・한자이） 범죄

冷たい

つめたい・쓰메따이
れい・레이

차다

冷たがる （つめたがる・쓰메따가루） 차가와하다
冷水 （れいすい・레이스이） 냉수, 찬물
冷蔵庫 （れいぞうこ・레이조오꼬） 냉장고

積もる

つもる・쓰모루
せき・세끼

쌓이다, 많이 모이다

積み上げる （つみあげる・쓰미아게루） 쌓아올리다
積み木 （つみき・쓰미끼） 집 짓기 놀이
積雪量 （せきせつりょう・세끼세쓰료오） 적설량
面積 （めんせき・멘세끼） 면적

艶

つや・쓰야
えん・엥

윤기, 광택

艶事 （つやごと・쓰야고또） 정사(情事)
艶艶 （つやつや・쓰야쓰야） 반들반들, 매끈매끈
艶聞 （えんぶん・엔붕） 염문
濃艶 （のうえん・노오엥） 농염, 매우 요염스럽다

露

つゆ・쓰유
ろ・로　　　　　　　　　이슬

露の間 （つゆのま・쓰유노마） 눈깜짝할 사이
朝露 （あさつゆ・아사쓰유） 아침이슬
露宿 （ろじゅく・로쥬꾸） 노숙
露店 （ろてん・로뗑） 노점

強い

つよい・쓰요이
きょう・교오, ごう・고오　　강하다, 힘이 세다

※「強」는 음독이 「きょう」도 되고 「ごう」도 된다. 다음 같은 경우이다.

強気 （つよき・쓰요끼） 성미가 강함
強味 （つよみ・쓰요미） 세기, 장점(長点)
強制的 （きょうせいてき・교오세이떼끼） 강제적
増強 （ぞうきょう・조오꾜오） 증강
強盗 （ごうとう・고오또오） 강도
強力班 （ごうりきはん・고오리끼항） 강력반

面

つら・쓰라
めん・멩　　　　　　　얼굴, 낯짝

※「面目」는 당연히 「めんもく」라고 생각할 테지만, 엉뚱하게 「めんぼく」
　　가 된다.

面の皮 （つらのかわ・쓰라노가와） 낯짝, 낯가죽
面汚し （つらよごし・쓰라요고시） 체면손상
面目 （めんぼく・멩보꾸） 면목, 체면
几帳面 （きちょうめん・기쪼오멩） 꼼꼼함

辛い

つらい・쓰라이
しん・싱

고통스럽다, 괴롭다

辛さ （つらさ・쓰라사） 고통스러움
辛み （つらみ・쓰라미） 고통, 신산(辛酸)
辛抱 （しんぼう・신보오） 참고 견딤, 인내
香辛料 （こうしんりょう・고오싱료오） 향신료

鶴

つる・쓰루
かく・가꾸

학, 두루미

鶴亀 （つるかめ・쓰루가메） 학과 거북
鶴嘴 （つるはし・쓰루하시） 곡괭이
鶴首 （かくしゅ・가꾸슈） 학수
群鶏一鶴 （ぐんけいいっかく・궁께이잇까꾸） 군계일학

連れる

つれる・쓰레루
れん・렝

데리고가(오)다, 동행하다

連れ合い （つれあい・쓰레아이） 배우자
連れ子 （つれこ・쓰레꼬） (재혼한 사람이) 데리고 들어온 전배우자의 자식
連載 （れんさい・렌사이） 연재
連絡 （れんらく・렌라꾸） 연락

手

て・데
しゅ・슈

손, 팔

手洗い （てあらい・데아라이） 손을 씻음, 화장실
手招き （てまねき・데마네끼） 손짓으로 부름
手芸品 （しゅげいひん・슈게이힝） 수예품
運転手 （うんてんしゅ・운뗑슈） 운전사

寺

てら・데라
じ・지

절, 사원(寺院)

寺小姓 （てらこしょう・데라고쇼오） 주지 곁에서 심부름하던 소년
寺参り （てらまいり・데라마이리） 절참배
寺院 （じいん・지잉） 사원, 절
仏寺 （ぶつじ・부쓰지） 불사, 사찰

照る

てる・데라
しょう・쇼오

비치다, 아름답게 빛나다

照り雨 （てりあめ・데리아메） 여우비
照れ臭い （てれくさい・데레꾸사이） 멋적다, 겸연쩍다
照明 （しょうめい・쇼오메이） 조명
対照 （たいしょう・다이쇼오） 대조

 出る　でる・데루
しゅつ・슈쓰　　　　나가다, 진출하다

出所 （でどころ・데도꼬로） 출처, 출구(出口)
出迎え （でむかえ・데무까에） 마중, 출영
出現 （しゅつげん・슈쓰겡） 출현
露出 （ろしゅつ・로슈쓰） 노출
出世 （しゅっせ・슛세） 출세
出発 （しゅっぱつ・슛빠쓰） 출발

 戸　と・도
こ・고　　　　　문, 문짝, (창)문

戸棚 （とだな・도다나） 찬장
雨戸 （あまど・아마도） 덧문, 빈지문
戸外 （こがい・고가이） 대문 밖
門戸 （もんこ・몽꼬） 문호, 일파

問う　とう・도우
もん・몽　　　　묻다, 질문하다

問い合わせ （といあわせ・도이아와세） 문의, 조회
問い詰める （といつめる・도이쓰메루） 캐묻다, 추궁하다
問題 （もんだい・몬다이） 문제
訪問 （ほうもん・호오몽） 방문

尊い

とうとい・도오또이
そん・송

거룩하다, 귀중하다

尊さ （とうとさ・도오또사） 존중함, 거룩함
尊ぶ （とうとぶ・도오또부） 존경하다, 존중하다
尊敬 （そんけい・송께이） 존경
尊重 （そんちょう・손쬬오） 존중

遠い

とおい・도오이
えん・엔

(거리가) 멀다, 둔하다

遠吠え （とおぼえ・도오보에） (개・늑대 따위가) 멀리서 짖음
遠回し （とおまわし・도오마와시） 일부러 돌려서 말함
遠征 （えんせい・엔세이） 원정
敬遠 （けいえん・게이엥） 경원

通る

とおる・도오루
つう・쓰우

지나다, 통과하다

通り雨 （とおりあめ・도오리아메） 지나가는 비
通り掛り （とおりがかり・도오리가까리） 지나는 도중
通信 （つうしん・쓰우싱） 통신
共通 （きょうつう・교오쓰우） 공통

尖る

とがる · 도가루
せん · 셍

뽀족해지다

尖らす （とがらす · 도가라스） 뾰족하게 만들다
尖り声 （とがりごえ · 도가리고에） 째진 목소리
尖端 （せんたん · 센땅） 첨단
尖塔 （せんとう · 센또오） 첨탑, 뾰족탑

時

とき · 도끼
じ · 지

시간, 시각

時折 （ときおり · 도끼오리） 이따금, 어쩌다가
時ならぬ （ときならぬ · 도끼나라누） 때아닌, 뜻밖의
時間 （じかん · 지깡） 시간
時節 （じせつ · 지세쓰） 시절

説く

とく · 도꾸
せつ · 세쓰

설득하다, 설명하다

説き及ぶ （ときおよぶ · 도끼오요부） 언급하다
説き伏せる （ときふせる · 도끼후세루） 설복하다
説明 （せつめい · 세쓰메이） 설명
解説 （かいせつ · 가이세쓰） 해설

解く
とく · 도꾸
かい · 가이

풀다, 뜯다

解き放す （ときはなす · 도끼하나스） 해방하다, 풀어놓다
解ける （とける · 도께루） 풀리다
解決 （かいけつ · 가이께쓰） 해결
解釈 （かいしゃく · 가이샤꾸） 해석

溶ける
とける · 도께루
よう · 요오

녹다, 물에 풀리다

溶かす （とかす · 도까스） 녹이다, 용해시키다
溶け合い （とけあい · 도께아이） 용합(溶合)
溶岩 （ようがん · 요오강） 용암
溶鉱炉 （ようこうろ · 요오꼬오로） 용광로

床
とこ · 도꼬, ゆか · 유까
しょう · 쇼오

잠자리, 묘판 (苗板)

※「床」는 훈독이「とこ」일 때는「잠자리」를 뜻하고「ゆか」로 읽을 때는
「마루」를 가리키게 된다.

床擦れ （とこずれ · 도꼬즈레） 욕창
床屋 （とこや · 도꼬야） 이발소, 이발사
床板 （ゆかいた · 유까이따） 마루청
床下 （ゆかした · 유까시따） 마루 밑
温床 （おんしょう · 온쇼오） 온상
病床 （びょうしょう · 뵤오쇼오） 병상

所

ところ · 도꼬로
しょ · 쇼, じょ · 죠

곳, 데, 고장

※「所」는 음독이 「しょ」도 되고 또 「じょ」도 된다.

所嫌わず (ところきらわず · 도꼬로기라와즈) 장소를 가리지 않고
所所 (ところどころ · 도꼬로도꼬로) 군데군데, 여기저기
所管 (しょかん · 쇼깡) 소관
役所 (やくしょ · 야꾸쇼) 관청, 관공서
近所 (きんじょ · 긴죠) 근처
興信所 (こうしんじょ · 고오신죠) 흥신소

年

とし · 도시
ねん · 넹

해, 나이

年下 (としした · 도시시따) 연하, 나이아래
年波 (としなみ · 도시나미) 연륜(年輪)
年代 (ねんだい · 넨다이) 연대
昨年 (さくねん · 사꾸넹) 작년

閉じる

とじる · 도지루
へい · 헤이

닫다, 닫히다, 눈을 감다

閉ざす (とざす · 도자스) 닫다, 걸다, 막다
閉じ込める (とじこめる · 도지꼬메루) 가두다, 감금하다
閉鎖 (へいさ · 헤이사) 폐쇄
閉幕 (へいまく · 헤이마꾸) 폐막

整える ととのえる・도또노에루
せい・세이
조정하다, 조절하다

整う （ととのう・도또노우） 정돈되다, 정리되다
整頓 （せいとん・세이똥） 정돈
整列 （せいれつ・세이레쓰） 정렬

轟く ととどろく・도도로꾸
ごう・고오
(큰소리가) 울려퍼지다

轟かす （とどろかす・도도로까스） 떨치다, 울리게 하다
轟き （とどろき・도도로끼） 울림, 떨침
轟音 （ごうおん・고오옹） 굉음, 요란한 소리
轟沈 （ごうちん・고오찡） 포격으로 함선을 침몰시킴

隣 となり・도나리
りん・링
이웃, 바로 곁

隣合わせ （となりあわせ・도나리아와세） 서로 이웃관계에 있음
隣近所 （となりきんじょ・도나리긴죠） 이웃, 근처
隣家 （りんか・링까） 이웃집
隣接 （りんせつ・린세쓰） 인접

殿

との・도노
でん・뎅

(신분을 나타내는 말에 붙어) 그것에 대한 높임말

殿方 （とのがた・도노가따） 남자분
殿様 （とのさま・도노사마） 영주(領主)에 대한 존칭
殿堂 （でんどう・뎅도오） 전당
宮殿 （きゅうでん・규우뎅） 궁전

飛ぶ

とぶ・도부
ひ・히

날다, 날아가다

飛び掛る （とびかかる・도비가까루） 덤벼들다
飛び切り （とびきり・도비끼리） 월등함, 특출함
飛行機 （ひこうき・히꼬오끼） 비행기
飛躍 （ひやく・히야꾸） 비약

溝

どぶ・도부
こう・고오

도랑, 시궁창

溝板 （どぶいた・도부이따） 하수구를 덮는 널빤지
溝鼠 （どぶねずみ・도부네즈미） 시궁창쥐
溝渠 （こうきょ・고오꾜） 구거
海溝 （かいこう・가이꼬오） 해구

止まる
とまる・도마루
し・시

멈추다, 그치다

止まり （とまり・도마리） 멈춤, 그침
止める （とめる・도메루） 멈추다, 그만 두다
止血 （しけつ・시께쓰） 지혈
停止 （ていし・데이시） 정지

泊まる
とまる・도마루
はく・하꾸

묵다, 숙박하다

泊り込み （とまりこみ・도마리꼬미） (그대로) 묵다
泊まり番 （とまりばん・도마리방） 숙직(의 차례)
宿泊 （しゅくはく・슈꾸하꾸） 숙박
外泊 （がいはく・가이하꾸） 외박

富
とみ・도미
ふ・후

부, 재산, 자원

富札 （とみふだ・도미후다） 복권(福券)
富む （とむ・도무） 부하다, 재산이 많다
富裕 （ふゆう・후유우） 부유
豊富 （ほうふ・호오후） 풍부

弔う

とむらう · 도무라우
ちょう · 죠오

조상하다, 애도하다

弔い （とむらい · 도무라이） 조상, 애도
弔い合戦 （とむらいがっせん · 도무라이갓셍） 죽은 자를 위로하고자
　벌이는 복수전
弔意 （ちょうい · 죠오이） 조의
慶弔 （けいちょう · 게이쪼오） 경조

友

とも · 도모
ゆう · 유우

친구, 벗, 동무

友達 （ともだち · 도모다찌） 친구, 벗
友千鳥 （ともちどり · 도모지도리） 떼지어 나는 물떼새
友情 （ゆうじょう · 유우죠오） 우정
親友 （しんゆう · 싱유우） 친우, 친한 친구

共

とも · 도모
きょう · 교오

함께, 같이, 동지

共稼ぎ （ともかせぎ · 도모가세기） 맞벌이
共倒れ （ともだおれ · 도모다오레） 함께 쓰러져 망함
共学 （きょうがく · 교오가꾸） 공학
共通 （きょうつう · 교오쓰우） 공통

燈

ともしび・도모시비
とう・도오

등불

燈 （ともし・도모시）（등）불
燈台 （とうだい・도오다이） 등대
電燈 （でんとう・덴또오） 전등

伴う

ともなう・도모나우
はん・항

함께 하다, 동반하다

伴い （ともない・도모나이） 반려, 동반자
伴侶 （はんりょ・한료） 반려, 반려자
随伴 （ずいはん・즈이항） 수반

虎

とら・도라
こ・고

호랑이, 범

虎鶫 （とらつぐみ・도라쓰구미） 호랑지빠귀
虎髭 （とらひげ・도라히게） 호랑이수염처럼 뻣뻣한 수염
虎穴 （こけつ・고께쓰） 호랑이굴
白虎 （びゃっこ・뱟꼬） 백호, 흰호랑이

捕える　とらえる・도라에루
ほ・호　　잡다, 붙잡다

捕え所 （とらえどころ・도라에도꼬로） 평가의 기준점
捕え物 （とらえもの・도라에모노） 포획물
捕手 （ほしゅ・호슈） (야구의) 포수, 핏처
逮捕 （たいほ・다이호） 체포

囚われる　とらわれる・도라와레루
しゅう・슈우　　(붙)잡히다
사로잡히다

囚われ （とらわれ・도라와레） 포로가 됨
囚人 （しゅうじん・슈우징） 수인, 갇힌 사람
罪囚 （ざいしゅう・자이슈우） 죄수

鳥　とり・도리
ちょう・죠오　　새, 조류(鳥類)

鳥肌 （とりはだ・도리하다） 소름
鳥目 （とりめ・도리메） 밤소경, 야맹증
鳥類 （ちょうるい・죠오루이） 조류, 날짐승
白鳥 （はくちょう・하꾸쪼오） 백조

取る
とる·도루
しゅ·슈

잡다, 들다, 쥐다

取り付け （とりつけ·도리쓰께） 장치, 설치
取引き （とりひき·도리히끼） 거래, 흥정
取材 （しゅざい·슈자이） 취재
取得税 （しゅとくぜい·슈또꾸제이） 취득세

泥
どろ·도로
でい·데이

진흙, 흙

泥道 （どろみち·도로미찌） 진창길
泥棒 （どろぼう·도로보오） 도둑, 도둑놈
泥土 （でいど·데이도） 진흙탕흙
汚泥 （おでい·오데이） 오니, 지저분함

名

な · 나
めい · 메이, みょう · 묘오

이름, 성명, 명칭

※「名」는 음독이 「めい」도 되고 「みょう」가 되기도 한다.

名乗る （なのる · 나노루） 자기이름을 댐
名前 （なまえ · 나마에） 이름, 성명
名物 （めいぶつ · 메이부쓰） 명물
無名 （むめい · 무메이） 무명, 이름이 알려지지 않음
名聞 （みょうもん · 묘오몽） 명문, 세상의 평판
本名 （ほんみょう · 혼묘오） 본명, 진짜이름

菜

な · 나
さい · 사이

야채, 푸성귀

酒菜 （さかな · 사까나） 술안주
春菜 （はるな · 하루나） 봄푸성귀
菜食 （さいしょく · 사이쇼꾸） 채식
野菜 （やさい · 야사이） 야채

無い　　ない・나이
　　　　む・무, ぶ・부　　　　없다

※「無」 또한 음독이 「む」도 되고 「ぶ」도 되는 등 그 발음이 까다롭다.
　다음 같은 경우이다.

無くす （なくす・나꾸스） 없애다, 잃다
無くなる （なくなる・나꾸나루） 없어지다
無益 （むえき・무에끼） 무익, 헛일
無関心 （むかんしん・무깐싱） 무관심
無愛想 （ぶあいそう・부아이소오） 무뚝뚝함
無礼 （ぶれい・부레이） 무례, 버릇없음

尚　　なお・나오
　　　しょう・쇼오　　　더욱, 더더군다나, 여전히

尚且つ （なおかつ・나오가쓰） 그위에 또, 게다가
尚更 （なおさら・나오사라） 더한층, 더더군다나
尚武 （しょうぶ・쇼오부） 상무, 무를 숭상함
嘉尚 （かしょう・가쇼오） 가상, 칭찬하며 기림

直す　　なおす・나오스
　　　　ちょく・죠꾸　　　고치다, 바르게 하다

直る （なおる・나오루） 고쳐지다, 바르게 되다
靴直し （くつなおし・구쓰나오시） 구두수선공
直線 （ちょくせん・죠꾸셍） 직선, 곧은 선
直訳 （ちょくやく・죠꾸야꾸） 직역

中　なか·나까　ちゅう·쥬우　　가운데, 속, 안

中頃 （なかごろ·나까고로） 중간쯤
中身 （なかみ·나까미） 알맹이, 내용물
中心 （ちゅうしん·쥬우싱） 중심
中流 （ちゅうりゅう·쥬우류우） 중류

仲　なか·나까　ちゅう·쥬우　　사이, 교분(交分)

※ 당연히 「なかちがい」라고 생각할 테지만 엉뚱하게도 「なかたがい」가 된다.

仲違い （なかたがい·나까다가이） 불화(不和), 사이가 벌어짐
仲間 （なかま·나까마） 동료, 한 패, 동아리
仲介 （ちゅうかい·쥬우까이） 중개
仲裁 （ちゅうさい·쥬우사이） 중재

長い　ながい·나가이　ちょう·죠오　　(공간적으로) 길다

長生き （ながいき·나가이끼） 장수, 장생(長生)
長袖 （ながそで·나가소데） 긴소매, 긴소매옷
長所 （ちょうしょ·죠오쇼） 장점, 두드러진 점
成長 （せいちょう·세이죠오） 성장

永い

ながい · 나가이
えい · 에이

길다, 오래 되다

永年 （ながねん · 나가넹) 긴 세월, 여러 해
永遠 （えいえん · 에이엥) 영원
永住権 （えいじゅうけん · 에이쥬우껭) 영주권

半ば

なかば · 나까바
はん · 항

반, 절반, 중간

半ば頃 （なかばごろ · 나까바고로) 중간쯤
半年 （はんねん · 한넹) 반년
半分 （はんぶん · 한붕) 반, 절반

流れる

ながれる · 나가레루
りゅう · 류우

(액체가) 흐르다

流れ星 （ながれぼし · 나가레보시) 유성, 별똥별
流れ者 （ながれもの · 나가레모노) 떠돌이, 방랑자
流行 （りゅうこう · 류우꼬오) 유행
交流 （こうりゅう · 고우류우) 교류

泣く
なく・나꾸
きゅう・규우

(사람이) 울다

泣き叫び （なきさけび・나끼사께비） 울부짖음
泣き面 （なきつら・나끼쓰라） 울상, 우는 얼굴
泣訴 （きゅうそ・규우소） 읍소, 울며 호소함
感泣 （かんきゅう・강뀨우） 감읍

鳴く
なく・나꾸
めい・메이

(짐승・벌레가) 울다

※ 이상으로 알 수 있듯이 같은 「울다」도 사람이 우는 경우는 「泣く」라고하고 벌레나 짐승이 우는 것은 「鳴く」로, 그리고 새가 울 때는 「啼(な)く」로 구별해서 쓰고 있다.

鳴き声 （なきごえ・나끼고에） (새・짐승・벌레의) 울음소리
鳴き頻る （なきしきる・나끼시끼루） (새・짐승이) 계속 울어대다
鳴動 （めいどう・메이도오） 명동
悲鳴 （ひめい・히메이） 비명

慰める
なぐさめる・나구사메루
い・이

위로하다, 달래다

慰み （なぐさみ・나구사미） 위로, 위안, 「慰め」 역시 같다
慰め顔 （なぐさめがお・나구사메가오） 위로하려는 듯한 얼굴
慰安 （いあん・이앙） 위안
慰藉料 （いしゃりょう・이샤료오） 위자료

亡くなる
なくなる · 나꾸나루
ぼう · 보오

사망하다, 없어지다

亡き後 (なきあと · 나끼아또) 사후, 죽은 뒤
亡骸 (なきがら · 나끼가라) 시체, 유해
亡命 (ぼうめい · 보오메이) 망명
未亡人 (みぼうじん · 미보오징) 미망인

殴る
なぐる · 나구루
おう · 오오

세게 때리다, 치다

殴り書き (なぐりがき · 나구리가끼) 난필, 갈겨씀
殴り付ける (なぐりつける · 나구리쓰께루) 후려치다
殴殺 (おうさつ · 오오사쓰) 타살
殴打 (おうだ · 오오다) 구타

嘆く
なげく · 나게꾸
たん · 당

한탄하다, 비탄하다

嘆かわしい (なげかわしい · 나게까와시이) 한탄스럽다
嘆き (なげき · 나게끼) 한탄, 비탄
嘆息 (たんそく · 단소꾸) 탄식
感嘆 (かんたん · 간땅) 감탄

投げる
なげる · 나게루
とう · 도오

던지다, 멀리 보내다

投げ銭 （なげせん · 나게셍） 거지 등에게 던져주는 돈
投げ物 （なげもの · 나게모노） 투매품, 떨이
投資 （とうし · 도오시） 투자
投宿 （とうしゅく · 도오슈꾸） 투숙

情け
なさけ · 나사께
じょう · 죠오

정, 인정, 자비

情け知らず （なさけしらず · 나사께시라즈） 몰인정한 사람
情けない （なさけない · 나사께나이） 한심하다, 정 떨어진다
情報 （じょうほう · 죠오호오） 정보
表情 （ひょうじょう · 효오죠오） 표정

夏
なつ · 나쓰
か · 가

여름, 하절(夏節)

夏枯れ （なつがれ · 나쓰가레） 여름철 불경기
夏休み （なつやすみ · 나쓰야스미） 여름방학, 여름휴가
夏期 （かき · 가끼） 하기, 여름철
初夏 （しょか · 쇼까） 초하, 초여름

懐かしい　なつかしい・나쓰까시이　かい・가이　　그립다, 반갑다

懐かしさ （なつかしさ・나쓰까시사） 그리움
懐かしむ （なつかしむ・나쓰까시무） 그리워하다
懐古 （かいこ・가이꼬） 회고
懐中時計 （かいちゅうどけい・가이쮸우도께이） 회중시계

撫でる　なでる・나데루　ぶ・부　　어루만지다, 쓰다듬다

撫で上げる （なであげる・나데아게루） 쓸어올리다
撫子 （なでしこ・나데시꼬） 패랭이꽃
愛撫 （あいぶ・아이부） 애무
慰撫 （いぶ・이부） 위무, 위로하며 귀여워함

等　など・나도　ら・라, とう・도오　　따위, 등, 등속, 들 (복수를 나타냄)

※「等」는 예시(例示)하는데 쓰는「따위」「등속」을 뜻하기도 하고 인물의 복수(複數)를 나타내는「들」이라는 뜻도 있다. 또한,「일등」「이등」할 때의「등」으로도 쓰인다.

学園等 （がくえんなど・가꾸엔나도） 학원 따위
雑誌等 （ざっしなど・잣시나도） 잡지 따위
彼女等 （かのじょら・가노죠라） 그녀들
彼等 （かれら・가레라） 그들
一等 （いっとう・잇또오） 일등
優等生 （ゆうとうせい・유우또오세이） 우등생

七

なな・나나
しち・시찌

일곱, 일곱 살

七重 （ななえ・나나에） 일곱 겹, 여러 겹
七つ屋 （ななつや・나나쓰야） 전당포
七月 （しちがつ・시찌가쓰） 7월
七面鳥 （しちめんちょう・시찌멘쬬오） 칠면조

斜め

ななめ・나나메
しゃ・샤

비스듬함, 경사짐

斜め側 （ななめがわ・나나메가와） 기울어진 쪽
斜線 （しゃせん・샤셍） 사선
傾斜 （けいしゃ・게이샤） 경사

何

なに・나니, なん・난
か・가

무엇

※「何」또한 훈독이「なに」도 되고「なん」도 된다.

何故 （なにゆえ・나니유에） 왜, 어째서
何時 （なんどき・난도끼） 언제, 어느 때
何等 （なんら・난라） 하등
幾何 （きか・기까） 기하
誰何 （すいか・스이까） 수하

生

なま · 나마
せい · 세이

날것, 자연 그대로

生水 (なまみず · 나마미즈) 냉수, 끓이지 않은 물
生物 (なまもの · 나마모노) 날것, 생것
生命 (せいめい · 세이메이) 생명
野生 (やせい · 야세이) 야생

怠ける

なまける · 나마께루
たい · 다이

게으름피우다

怠け者 (なまけもの · 나마께모노) 게으름뱅이
怠慢 (たいまん · 다이망) 태만
倦怠期 (けんたいき · 겐따이끼) 권태기

鉛

なまり · 나마리
えん · 엔

납

鉛中毒 (なまりちゅうどく · 나마리쥬우도꾸) 납중독
鉛筆 (えんぴつ · 엔삐쓰) 연필
黒鉛 (こくえん · 고꾸엥) 흑연

波

なみ · 나미
は · 하

물결, 파도

波打ち際 (なみうちぎわ · 나미우찌기와) 파도가 밀어닥치는 곳
波間 (なみま · 나미마) 파도와 파도 사이, 물결이랑
波高 (はこう · 하꼬오) 파고, 파도의 높이
風波 (ふうは · 후우하) 풍파

浪

なみ · 나미
ろう · 로오

물결, 파도

浪路 (なみじ · 나미지) 뱃길, 항로
浪の塔 (なみのとう · 나미노도오) 파도의 탑
浪費 (ろうひ · 로오히) 낭비
激浪 (げきろう · 게끼로오) 격랑, 심한 파도

並み

なみ · 나미
へい · 헤이

보통, 예사로움, 중간

並大抵 (なみたいてい · 나미다이떼이) 이만저만
並外れ (なみはずれ · 나미하즈레) 유별남, 보통 이상임
並行 (へいこう · 헤이꼬오) 병행
並立 (へいりつ · 헤이리쓰) 병립, 나란히 서있음

涙

なみだ · 나미다
るい · 루이

눈물, 「泪(なみだ)」 라고도 씀

涙雨 （なみだあめ · 나미다아메） 조금 오는 비
涙声 （なみだごえ · 나미다고에） 울먹이는 소리
涙腺 （るいせん · 루이셍） 누선, 눈물샘
落涙 （らくるい · 라꾸루이） 낙루

滑らか

なめらか · 나메라까
かつ · 가쓰

매끈매끈한 모양

滑める （なめる · 나메루） 매끄럽다, 반들반들하다
滑走路 （かっそうろ · 갓소오로） 활주로
円滑 （えんかつ · 엥까쓰） 원활

悩む

なやむ · 나야무
のう · 노오

괴로워하다, 고민하다

悩ます （なやます · 나야마스） 괴롭히다, 성가시게 굴다
悩み （なやみ · 나야미） 고민, 번민
悩殺 （のうさつ · 노오사쓰） 뇌쇄
苦悩 （くのう · 구노오） 고뇌

 ならう・나라우
しゅう・슈우

익히다, 배우다

習い （ならい・나라이） 학습, 습관
習い事 （ならいごと・나라이고또） 배우는 일
習得 （しゅうとく・슈우또꾸） 습득
学習 （がくしゅう・가꾸슈우） 학습

 ならす・나라스
きん・긴

고르게 하다, 평균화하다

均し （ならし・나라시） 고르게 함, 평균
均等 （きんとう・긴또오） 균등
平均 （へいきん・헤이낑） 평균

並ぶ ならぶ・나라부
へい・헤이

한 줄로 서다, 늘어서다

並び （ならび・나라비） 늘어선 모양, 줄(列)
並べる （ならべる・나라베루） 늘어놓다, 나란히 하다
並進 （へいしん・헤이싱） 나란히 나아감
並列 （へいれつ・헤이레쓰） 병렬

成る
なる・나루
せい・세이
되다, 이루어지다

成り行き (なりゆき・나리유끼) 되어가는 형편, 그 결과
成程 (なるほど・나루호도) 과연, 딴은
成功 (せいこう・세이꼬오) 성공
成立 (せいりつ・세이리쓰) 성립

鳴る
なる・나루
めい・메이
울리다, 소리가 나다

鳴神 (なるかみ・나루가미) 천둥
鳴子 (なるこ・나루꼬) 새를 쫓기 위한 장치
鳴動 (めいどう・메이도오) 명동
悲鳴 (ひめい・히메이) 비명

慣れる
なれる・나레루
かん・강
익숙해지다, 익다,
「馴れる」라고도 함

慣れ (なれ・나레) 습관, 익숙해짐
慣れっこ (なれっこ・나렛꼬) 아주 익숙해져서 태연함
慣習 (かんしゅう・간슈우) 관습
慣例 (かんれい・간레이) 관례

荷

に·니
か·가
　　　　짐

荷作り（にづくり·니즈꾸리）짐꾸리기
荷物（にもつ·니모쓰）짐, 화물
荷重（かじゅう·가쥬우）하중, 짐의 무게
負荷（ふか·후까）부하, 짐을 짐

香う

におう·니오우
こう·고오
　　　　좋은 냄새가 나다

香い（におい·니오이）향긋한 냄새
香わす（におわす·니오와스）향기를 풍기다
香水（こうずい·고오즈이）향수
香料（こうりょう·고오료오）향료

苦い

にがい·니가이
く·구
　　　　쓰다, 싫다

苦手（にがて·니가떼）질색
苦笑い（にがわらい·니가와라이）쓴웃음, 고소(苦笑)
苦戦（くせん·구셍）고전
苦労（くろう·구로오）고생, 노고

握る
にぎる・니기루
あく・아꾸

쥐다, 잡다, 장악하다

握り飯 （にぎりめし・니기리메시） 주먹밥
握り屋 （にぎりや・니기리야） 구두쇠, 노랭이
握手 （あくしゅ・아꾸슈） 악수
把握 （はあく・하아꾸） 파악

憎い
にくい・니꾸이
ぞう・조오

밉다

憎しみ （にくしみ・니꾸시미） 미움, 증오
憎体 （にくてい・니꾸떼이） 밉살스러운 모양
憎悪 （ぞうお・조오오） 증오
愛憎 （あいぞう・아이조오） 애증, 사랑과 미움

逃げる
にげる・니게루
とう・도오

도망치다, 달아나다

逃げ口上 （にげこうじょう・니게고오죠오） 핑계, 발뺌
逃げ支度 （にげしたく・니게지따꾸） 도망칠 준비
逃走 （とうそう・도오소오） 도주
逃避 （とうひ・도오히） 도피

濁る

にごる・니고루
だく・다꾸

탁해지다, 흐려지다

濁り江 （にごりえ・니고리에） 물이 흐린 강
濁り声 （にごりごえ・니고리고에） 탁한 목소리
濁音 （だくおん・다꾸옹） 탁음
濁流 （だくりゅう・다꾸류우） 탁류

西

にし・니시
せい・세이, さい・사이

서쪽, 서쪽방향

※ 「西」는 음독이 「せい」도 되고 「さい」도 된다.

西風 （にしかぜ・니시가제） 서풍, 서쪽바람
西日 （にしび・니시비） 석양, 저녁해
西欧 （せいおう・세이오오） 서구, 서유럽
西方 （せいほう・세이호오） 서방, 서쪽
西海 （さいかい・사이까이） 서해
東西 （とうざい・도오자이） 동서

錦

にしき・니시끼
きん・깅

비단, 아름답고 훌륭한 것

錦絵 （にしきえ・니시끼에） 풍속화를 색도인쇄한 목판화
錦蛇 （にしきへび・니시끼헤비） 비단구렁이
錦繍 （きんしゅう・긴슈우） 금수, 호화찬란한 사물
錦地 （きんち・긴찌） 비단바탕

日

にち・니찌
ひ・히

해, 날

※「日」는 훈독이 「じつ」가 되기도 한다.

日常品 （にちじょうひん・니찌죠오힝) 일상품
日没 （にちぼつ・니찌보쓰) 일몰, 해질녘
日当たり （ひあたり・히아따리) 양지
日帰り （ひがえり・히가에리) 당일치기 왕복
当日 （とうじつ・도오지쓰) 당일

躙じる

にじる・니지루
りん・링

짓밟다, 뭉개다

躙り付ける （にじりつける・니지리쓰께루) 밟아뭉개다
躙じり寄る （にじりよる・니지리요루) 무릎걸음으로 다가들다
蹂躙 （じゅうりん・쥬우링) 유린, 짓밟음

担う

になう・니나우
たん・당

짊어지다. 메다

担い商い （にないあきない・니나이아끼나이) 등짐장수
担い手 （にないて・니나이떼) 떠맡는 사람, 담당자
担架 （たんか・당까) 단가, 들것
負担 （ふたん・후땅) 부담

鈍い

にぶい・니부이
どん・동　　　　둔하다, 무디다

鈍色 (にびいろ・니비이로) 엷은 먹색, 진한 쥐색
鈍る (にぶる・니부루) 둔해지다, 무디어지다
鈍感 (どんかん・동깡) 둔감, 감각·느낌이 둔함
愚鈍 (ぐどん・구동) 우둔함

似る

にる・니루
じ・지　　　　닮다, 비슷하다

似合う (にあう・니아우) 어울리다, 잘 맞다
似寄り (により・니요리) 매우 닮음, 근사함
酷似 (こくじ・고꾸지) 아주 닮음, 흡사함
相似 (そうじ・소오지) 서로 닮음

庭

にわ・니와
てい・데이　　　　마당, 뜰, 정원

庭師 (にわし・니와시) 정원사, 원정(園丁)
裏庭 (うらにわ・우라니와) 뒤 뜰
庭園 (ていえん・데이엥) 정원
家庭 (かてい・가떼이) 가정

鶏

にわとり · 니와또리
けい · 게이

닭

鶏小屋 （にわとりごや · 니와또리고야） 닭장
鶏肉 （けいにく · 게이니꾸） 닭고기
鶏鳴 （けいめい · 게이메이） 계명, 닭울음소리

縫う

ぬう · 누우
ほう · 호오

꿰매다, 바느질하다

縫い針 （ぬいばり · 누이바리） 바느질바늘, 재봉바늘
縫い物 （ぬいもの · 누이모노） 바느질, 재봉
縫製品 （ほうせいひん · 호오세이힝） 봉제품
彌縫策 （びほうさく · 비호오사꾸） 미봉책

抜く

ぬく · 누꾸
ばつ · 바쓰

뽑다, 빼내다

抜け出し （ぬけだし · 누께다시） 탈출
抜ける （ぬける · 누께루） 빠지다, 없어지다
抜群 （ばつぐん · 바쓰궁） 발군
海抜 （かいばつ · 가이바쓰） 해발
抜粋 （ばっすい · 밧스이） 발췌
抜擢 （ばってき · 밧떼기） 발탁

脱ぐ

ぬぐ・누구
だつ・다쓰

벗다

脱ぎ捨てる （ぬぎすてる・누기스떼루） 벗어던지다
脱け殻 （ぬけがら・누께가라） 빈 껍질, 허물
脱帽 （だつぼう・다쓰보오） 탈모
脱走 （だっそう・닷소오） 탈주
脱退 （だったい・닷따이） 탈퇴

温める

ぬくめる・누꾸메루
おん・옹

데우다, 녹이다

温まる （ぬくまる・누꾸마루） 따뜻해지다
温み （ぬくみ・누꾸미） 온기(溫氣), 따뜻함
温情 （おんじょう・온죠오） 온정
体温 （たいおん・다이옹） 체온

主

ぬし・누시, あるじ・아루지
しゅ・슈

주인, 임자, 남편

※「主」는 훈독이 「ぬし」도 되고 「あるじ」도 된다.

家主 （いえぬし・이에누시） 집주인
持ち主 （もちぬし・모찌누시） 임자, 소유자
店の主 （みせのあるじ・미세노아루지） 가게주인
主婦 （しゅふ・슈후） 주부
君主 （くんしゅ・군슈） 군주

盗む

ぬすむ・누스무
とう・도오

훔치다, 속이다

盗み （ぬすみ・누스미） 도둑질, 훔침
盗み聞き （ぬすみぎき・누스미기끼） 몰래 엿들음, 도청(盗聽)
盗賊 （とうぞく・도오조꾸） 도적
強盗 （ごうとう・고오또오） 강도

布

ぬの・누노
ふ・후

헝겊, 직물(織物) 의 총칭

布切れ （ぬのぎれ・누노기레） 천조각, 헝겊
布地 （ぬのじ・누노지） 천바탕
布巾 （ふきん・후낑） 행주
布告令 （ふこくれい・후꼬꾸레이） 포고령

沼

ぬま・누마
しょう・쇼오

늪

沼地 （ぬまち・누마찌） 늪지대
沼縁 （ぬまべり・누마베리） 늪과 육지의 언저리
沼沢 （しょうたく・쇼우따꾸） 소택

塗る
ぬる・누루
と・도

바르다, 칠하다

塗り替え （ぬりかえ・누리까에） 다시 칠함, 개칠
塗り付け （ぬりつけ・누리쓰께） 처바름, 매대기침
塗装 （とそう・도소오） 도장
糊塗 （こと・고또） 호도, 어물어물 덮어 버림

根
ね・네
こん・공

뿌리, 근본, 근원

根方 （ねかた・네까따） 나무의 밑둥
根城 （ねじろ・네지로） 아성(牙城), 아지트
根本 （こんぽん・곤뽕） 근본
大根 （だいこん・다이꽁） 무

音
ね・네, おと・오또
おん・옹

소리

※「音」는 훈독이 「ね」도 되고 「おと」도 된다.

笛の音 （ふえのね・후에노네） 피리소리
本音 （ほんね・혼네） 본심에서 우러나오는 말
音沙汰 （おとさた・오또사따） 소식, 기별
足音 （あしおと・아시오또） 발자국 소리
音響 （おんきょう・옹꾜오） 음향
高音 （こうおん・고오옹） 고음, 높은 소리

値

ね・네
ち・지

(사고파는) 값, 값어치

値打ち （ねうち・네우찌） 값어치, 가치
値引き （ねびき・네비끼） 값을 깎음, 에누리
価値 （かち・가찌） 가치
数値 （すうち・스우찌） 수치

願う

ねがう・네가우
がん・강

바라다, 소망하다

願い （ねがい・네가이） 소망, 소원, 바램
願わくは （ねがわくわ・네가와꾸와） 바라건대, 원컨대
願書 （がんしょ・간쇼） 원서
念願 （ねんがん・넹강） 염원

猫

ねこ・네꼬
びょう・뵤오

고양이

猫入らず （ねこいらず・네꼬이라즈） 쥐약
猫撫で声 （ねこなでごえ・네꼬나데고에） 본성을 숨긴 부드러운 목소리
猫額 （びょうがく・뵤오가꾸） 고양이 이마처럼 좁음
妖猫 （ようびょう・요오뵤오） 요사스러운 고양이

妬む 
ねたむ・네따무
と・도

시기하다, 질투하다

妬ましい （ねたましい・네따마시이） 질투심이 나다, 샘나다
妬み （ねたみ・네따미） 질투, 시샘
嫉妬 （しっと・싯또） 질투

粘り
ねばり・네바리
ねん・넹

끈기, 찰기

粘り強い （ねばりづよい・네바리즈요이） 끈질기다, 끈덕지다
粘る （ねばる・네바루） 달라붙다, 끈기있게 견디어내다
粘着 （ねんちゃく・넨쨔꾸） 점착
粘土 （ねんど・넨도） 찰흙, 점토

眠る
ねむる・네무루
みん・밍

자다, 잠들다

眠り （ねむり・네무리） 수면, 잠
眠り薬 （ねむりぐすり・네무리구스리） 수면제, 마취제
睡眠 （すいみん・스이밍） 수면
冬眠 （とうみん・도오밍） 동면

狙う

ねらう · 네라우
そ · 소

겨누다, 노리다

狙い （ねらい · 네라이） 겨냥, 표적
狙い打ち （ねらいうち · 네라이우찌） 저격, 잘 겨누어 쏨
狙撃 （そげき · 소게끼） 저격

寝る

ねる · 네루
しん · 싱

잠을 자다, 자다

寝間着 （ねまき · 네마끼） 잠옷
寝耳 （ねみみ · 네미미） 잠결, 잠귀
寝室 （しんしつ · 신시쓰） 침실
寝台 （しんだい · 신다이） 침대

練る

ねる · 네루
れん · 렝

다듬다, 단련하다

練り固める （ねりかためる · 네리가따메루） 개어서 굳히다
練り物 （ねりもの · 네리모노） 이기거나 개어서 굳힌 물건
練習 （れんしゅう · 렌슈우） 연습
鍛練 （たんれん · 단렝） 단련

野

の · 노
や · 야

들, 논과 밭

野中 （のなか · 노나까） 들가운데
野原 （のはら · 노하라） 들, 들판
野蛮人 （やばんじん · 야반징） 야만인
平野 （へいや · 헤이야） 평야

軒

のき · 노끼
けん · 겡

지붕의 처마

軒下 （のきした · 노끼시따） 처마 밑
軒並み （のきなみ · 노끼나미） 처마가 잇달아 늘어서 있는 것
軒燈 （けんとう · 겐또오） 헌등
一軒 （いっけん · 잇껭） 집 한 채

残る

のこる · 노꼬루
ざん · 장

남다, 여분이 생기다

残らず （のこらず · 노꼬라즈） 남김없이, 모조리
残り火 （のこりび · 노꼬리비） 타다 남은 불
残額 （ざんがく · 장가꾸） 잔액, 남은 액수
残高 （ざんだか · 잔다까） 잔고

除く

のぞく・노조꾸
じょ・죠

제거하다, 없애다

除け者 （のぞけもの・노조께모노） 젖혀놓은 자
除外 （じょがい・죠가이） 제외
除草剤 （じょそうざい・죠소오자이） 제초제

望む

のぞむ・노조무
ぼう・보오

바라다, 소망하다

望ましい （のぞましい・노조마시이） 바람직하다
望み （のぞみ・노조미） 소망, 바램, 기대
望遠鏡 （ぼうえんきょう・보오엥꾜오） 망원경
希望 （きぼう・기보오） 희망

後

のち・노찌
ご・고

뒤, 후

※「後」는 앞에서 배웠듯이 훈독이 「のち」 말고도 「あと」도 되고 「うしろ」
도 되는데 「후」를 뜻할 때는 「のち」가 된다.

後添い （のちぞい・노찌조이） 후처, 후실
後程 （のちほど・노찌호도） 다음에, 나중에
後日 （ごじつ・고지쓰） 훗날, 뒷날
前後 （ぜんご・젱고） 전후, 앞뒤

喉

のど · 노도
こう · 고오

목구멍, 인후

喉頸 （のどくび · 노도구비）멱, 급소(急所)
喉笛 （のどぶえ · 노도부에）목의 기관(氣管), 숨통
咽喉 （いんこう · 잉꼬오）인후, 목

罵る

ののしる · 노노시루
ば · 바

욕을 퍼붓다, 매도하다

罵り （ののしり · 노노시리）매도, 조롱
罵倒 （ばとう · 바또오）매도
嘲罵 （ちょうば · 죠오바）비웃고 욕함

延ばす

のばす · 노바스
えん · 엥

늘이다, 연기하다

延び延び （のびのび · 노비노비）자꾸 지연되다
延べ坪 （のべつぼ · 노베쓰보）연건평
延期 （えんき · 엥끼）연기
延命 （えんめい · 엔메이）연명

伸びる　のびる・노비루
しん・싱

펴지다, 늘어나다

伸ばす （のばす・노바스） 길게 하다, 늘리다
伸び縮み （のびちぢみ・노비지지미） 신축성
伸長 （しんちょう・신쪼오） 신장
屈伸 （くっしん・굿싱） 굴신

述べる　のべる・노베루
じゅつ・쥬쓰

진술하다
기술(記述)하다

述べ言葉 （のべことば・노베고또바） 진술할 말
述語 （じゅつご・쥬쓰고） 술어
著述 （ちょじゅつ・죠쥬쓰） 저술

登る　のぼる・노보루
とう・도오

오르다

登り口 （のぼりぐち・노보리구찌） 계단의 어귀
登り坂 （のぼりざか・노보리자까） 오르막길
登校 （とうこう・도오꼬오） 등교
登用 （とうよう・도오요오） 등용

昇る

のぼる・노보루
しょう・쇼오

위로 오르다, 떠오르다

昇り日 （のぼりひ · 노보리히） 떠오르는 해
昇進 （しょうしん · 쇼오싱） 승진
上昇 （じょうしょう · 죠오쇼오） 상승

飲む

のむ・노무
いん・잉

마시다,
「呑（の）む」라고도 함

飲み込み （のみこみ · 노미꼬미） 이해
飲み代 （のみしろ · 노미시로） 술값
飲料 （いんりょう · 인료오） 음료, 마실 것
鯨飲 （げいいん · 게이잉） 고래처럼 술을 많이 마심

糊

のり・노리
こ・고

풀

糊付け （のりづけ · 노리즈께） 풀로 붙임, 풀로 붙인 것
糊口 （ここう · 고꼬오） 호구
模糊 （もこ · 모꼬） 모호함

乗る

のる・노루
じょう・죠오

타다, 오르다

乗り換え （のりかえ・노리까에） 환승, 갈아탐
乗り場 （のりば・노리바） 승차장, 정류소
乗客 （じょうきゃく・죠오까꾸） 승객
乗車 （じょうしゃ・죠오샤） 승차, 차를 탐

鈍い

のろい・노로이
どん・동

느리다, 둔하다

※ 앞에서 배웠듯이 「にぶい」로도 읽는다.

鈍鈍 （のろのろ・노로노로） 느릿느릿
鈍間 （のろま・노로마） 굼벵이
鈍角 （どんかく・동까꾸） 둔각
鈍才 （どんさい・돈사이） 둔재, 천재의 반대어

呪う

のろう・노로우
じゅ・쥬

저주하다

呪い （のろい・노로이） 저주
呪わしい （のろわしい・노로와시이） 저주스럽다
呪文 （じゅもん・쥬몽） 주문

葉

は · 하
よう · 요오

나뭇잎, 잎사귀

葉書 (はがき · 하가끼) 엽서
枯葉 (かれは · 가레하) 고엽, 마른 잎
葉緑素 (ようりょくそ · 요오료꾸소) 엽록소
中葉 (ちゅうよう · 쥬우요오) 중엽

歯

は · 하
し · 시

이, 이빨, 치아

歯医者 (はいしゃ · 하이샤) 치과의사
歯痒い (はがゆい · 하가유이) 안타깝다, 답답하다
歯牙 (しが · 시가) 치아, 이빨
乳歯 (にゅうし · 뉴우시) 유치, 젖니

灰

はい · 하이
かい · 가이

재

灰色 (はいいろ · 하이이로) 잿빛
灰皿 (はいざら · 하이자라) 재떨이
灰白色 (かいはくしょく · 가이하꾸쇼꾸) 회백색
石灰 (せっかい · 셋까이) 석회

入る

はいる・하이루
にゅう・뉴우

들다, 들어가다

※「入」는 훈독이 「はい」도 되고 「い」도 된다.

入り込み （はいりこみ・하이리꼬미） 깊숙히 파고들어감
入り口 （いりぐち・이리구찌） 입구
入り婿 （いりむこ・이리무꼬） 데릴사위
入院 （にゅういん・뉴우잉） 입원
突入 （とつにゅう・도쓰뉴우） 돌입

生える

はえる・하에루
せい・세이

나다, 생기다

生え際 （はえぎわ・하에기와） 머리털이 난 언저리
生え抜き （はえぬき・하에누끼） 본토박이
生殖 （せいしょく・세이쇼꾸） 생식
余生 （よせい・요세이） 여생, 남은 삶

墓

はか・하까
ぼ・보

뫼, 무덤

墓印 （はかじるし・하까지루시） 묘비, 묘표
墓参り （はかまいり・하까마이리） 성묘
墓地 （ぼち・보찌） 묘지
墳墓 （ふんぼ・훈보） 분묘

計る
はかる・하까루
けい・게이

(무게)를 달다, (되로) 되다

計り （はかり・하까리） 저울질, 저울질한 양
計り売り （はかりうり・하까리우리） 달아서 팔다
計算 （けいさん・게이상） 계산
合計 （ごうけい・고오께이） 합계

吐く
はく・하꾸
と・도

토하다, (내)뱉다

吐き気 （はきけ・하끼께） 구역질, 욕지기
吐き出す （はきだす・하끼다스） 토해내다, 내뱉다
吐息 （といき・도이끼） 한숨
嘔吐 （おうと・오오또） 구토

履く
はく・하꾸
り・리

신다, 「穿（は）く」라고도 함

履き違え （はきちがえ・하끼지가에） 잘못 바꾸어 신음
履き物 （はきもの・하끼모노） 신, 신발
履歴書 （りれきしょ・리레끼쇼） 이력서
草履 （ぞうり・조오리） 짚신, 샌들

掃く
はく・하꾸
そう・소오　　쓸다

掃き出す （はきだす・하끼다스） 쓸어내다
掃き溜め （はきだめ・하끼다메） 쓰레기터
掃除 （そうじ・소오지） 소제, 청소
一掃 （いっそう・잇소오） 일소

烈しい
はげしい・하게시이
れつ・레쓰　　세차다, 격심하다

烈しさ （はげしさ・하게시사） 격렬함
烈日 （れつじつ・레쓰지쓰） 한여름의 내려쬐는 뜨거운 기운
猛烈 （もうれつ・모오레쓰） 맹렬

励ます
はげます・하게마스
れい・레이　　격려하다, 북돋다

励まし （はげまし・하게마시） 격려
励む （はげむ・하게무） 힘쓰다
奨励 （しょうれい・쇼오레이） 장려
督励 （とくれい・도꾸레이） 독려

禿げる はげる · 하게루 / とく · 도꾸   머리가 벗겨지다

禿げ茶瓶 （はげちゃびん · 하게쨔빙） 대머리를 조롱하는 말
禿山 （はげやま · 하게야마） 나무가 없는 민둥산
禿頭 （とくとう · 도꾸또오） 대머리

化ける ばける · 바께루 / か · 가   둔갑하다, 가장하다

化けの皮 （ばけのかわ · 바께노가와） 가면(假面)
化け物 （ばけもの · 바께모노） 도깨비, 괴물
化学 （かがく · 가가꾸） 화학
化石 （かせき · 가세끼） 화석

運ぶ はこぶ · 하꼬부 / うん · 웅   운반하다, 나르다

運び （はこび · 하꼬비） 운반
運び屋 （はこびや · 하꼬비야） 택배
運動 （うんどう · 운도오） 운동
運搬 （うんぱん · 운빵） 운반

橋

はし・하시
きょう・교오

다리, 교량

橋詰め （はしづめ・하시즈메） 다릿목, 다릿가
吊橋 （つりばし・쓰리바시） 매단 다리, 부교(浮橋)
橋梁 （きょうりょう・교오료오） 교량
鉄橋 （てっきょう・뎃꾜오） 철교

端

はし・하시, はした・하시따
たん・당

끝, 끄트머리

※「端」는 훈독이「はし」도 되고「はした」도 된다. 다음 같은 경우이다.

端書 （はしがき・하시가끼） 서문, 머리말
端くれ （はしくれ・하시꾸레） 토막, 부수러기
端金 （はしたがね・하시따가네） 푼돈
端女 （はしため・하시따메） 하녀, 부리는 여자
端緒 （たんしょ・단쇼） 단서, 실마리
末端 （まったん・맛땅） 말단

恥

はじ・하지
ち・지

수치, 치욕, 부끄러움

恥曝し （はじさらし・하지사라시） 망신, 창피
恥知らず （はじしらず・하지시라즈） 철면피
恥部 （ちぶ・지부） 치부
恥辱 （ちじょく・지죠꾸） 치욕

弾く

はじく · 하지꾸
だん · 당

튀기다, 팅기다

弾き （はじき · 하지끼） 튀김, 탄력성
弾き出す （はじきだす · 하지끼다스） 팅겨내다
弾圧 （だんあつ · 당아쓰） 탄압
爆弾 （ばくだん · 바꾸당） 폭탄

梯

はしご · 하시고
てい · 데이

사다리, 사닥다리
「梯子（はしご）」라고도 함

梯段 （はしごだん · 하시고당） 사다리모양의 계단
梯飲み （はしごのみ · 하시고노미） 술집순례
梯形 （ていけい · 데이께이） 사다리꼴

初め

はじめ · 하지메
しょ · 쇼

처음, 시초, 비롯함

初めて （はじめて · 하지메떼） 처음으로
初める （はじめる · 하지메루） 시작하다, 개시하다
初等 （しょとう · 쇼또오） 초등
最初 （さいしょ · 사이쇼） 최초

始める　はじめる・하지메루　し・시　　시작(개시)하다

始まる （はじまる・하지마루） 시작되다
始め （はじめ・하지메） 시작, 개시
始務式 （しむしき・시무시끼） 시무식
原始人 （げんしじん・겐시징） 원시인

柱　はしら・하시라　ちゅう・쥬우　　기둥, 기둥이 되는 것

柱時計 （はしらどけい・하시라도께이） 벽시계
電信柱 （でんしんばしら・덴싱바시라） 전봇대
柱石 （ちゅうせき・쥬우세끼） 기둥과 주춧돌
円柱 （えんちゅう・엔쮸우） 원주, 둥근 기둥

走る　はしる・하시루　そう・소오　　달리다, 뻗다

走り書き （はしりがき・하시리가끼） 휘갈겨 씀
走り抜け （はしりぬけ・하시리누께） 달려빠져나감
逃走 （とうそう・도오소오） 도주
敗走 （はいそう・하이소오） 패주

蓮

はす・하스
れん・렝

연, 연꽃

蓮っ葉 (はすっぱ・하슷빠) 왈가닥, 말괄량이
蓮の台 (はすのうてな・하스노우떼나) 연화대
蓮根 (れんこん・렝꽁) 연근, 연부리
睡蓮 (すいれん・스이렝) 수련

外れる

はずれる・하즈레루
がい・가이

벗어나다, 어긋나다

外す (はずす・하즈스) 떼어내다, 풀다
外れ (はずれ・하즈레) 변두리
外交 (がいこう・가이꼬오) 외교
例外 (れいがい・레이가이) 예외

旗

はた・하따
き・기

기, 깃발

旗色 (はたいろ・하따이로) 전세(戰勢), 형세
旗行列 (はたぎょうれつ・하따교오레쓰) 깃발행렬
旗手 (きしゅ・기슈) 기수
国旗 (こっき・곳끼) 국기

傍

はた・하따
ぼう・보오

옆, 곁

傍目 (はため・하따메) 곁에서 남이 보는 느낌
道傍 (みちばた・미찌바따) 길가
傍観 (ぼうかん・보오깡) 방관
傍若無人 (ぼうじゃくぶじん・보오쟈꾸부징) 방약무인

膚

はだ・하다
ひ・히

피부, 살갗

膚色 (はだいろ・하다이로) 살색깔, 피부빛
膚着 (はだぎ・하다기) 속옷, 내의
皮膚 (ひふ・히후) 피부

裸

はだか・하다까
ら・라

알몸, 맨몸

裸一貫 (はだかいっかん・하다까잇깡) 맨주먹, 적수공권
裸山 (はだかやま・하다까야마) 벌거숭이산, 민둥산
裸体 (らたい・라따이) 나체
赤裸裸 (せきらら・세끼라라) 적나라

果たす　はたす · 하따스　　か · 가　　이루다, 완수하다

果し合い （はたしあい · 하따시아이） 결투(決鬪)
果てしない （はてしない · 하떼시나이） 끝이 없다
果然 （かぜん · 가젱） 과연
結果 （けっか · 겟까） 결과

働く　はたらく · 하따라꾸　　どう · 도오　　일하다, 작용하다

働き （はたらき · 하따라끼） 활동, 작용
働き手 （はたらきて · 하따라끼떼） 일꾼, 수완가
稼働 （かどう · 가도오） 가동
労働 （ろうどう · 로오도오） 노동

蜂　はち · 하찌　　ほう · 호오　　벌

蜂の巣 （はちのす · 하찌노스） 벌집
蜂蜜 （はちみつ · 하찌미쓰） 벌꿀
養蜂 （ようほう · 요오호오） 양봉

鉢

はち・하찌
はつ・하쓰

사발, 주발, 바리때

鉢物 (はちもの・하찌모노) 분에 심은 초목
植木鉢 (うえきばち・우에끼바찌) 화분
托鉢僧 (たくはつそう・다꾸하쓰소오) 탁발승

鳩

はと・하또
きゅう・규우

비둘기

鳩胸 (はとむね・하또무네) 새가슴
鳩目 (はとめ・하또메) 구두나 서류의 끈을 꿰기 위한 둥근 구멍
鳩合 (きゅうごう・규우고오) 구합
鳩首会議 (きゅうしゅかいぎ・규우슈가이기) 구수회의

花

はな・하나
か・가

꽃

※「花」는 훈독이 「はな」인데 「花」가 뒤에 붙는 경우 「ばな」로 발음되기도 한다. 다음 같은 경우이다.

花言葉 (はなことば・하나고또바) 꽃말
花びら (はなびら・하나비라) 꽃잎
草花 (くさばな・구사바나) 화초
火花 (ひばな・히바나) 불꽃
花壇 (かだん・가당) 화단
花瓶 (かびん・가빙) 화병, 꽃병

鼻

はな · 하나
び · 비

(동물의) 코

鼻糞 (はなくそ · 하나꾸소) 코딱지
鼻っ柱 (はなっぱしら · 하낫빠시라) 콧대, 콧등
鼻孔 (びこう · 비꼬오) 비공, 콧구멍
鼻祖 (びそ · 비소) 비조, 원조(元祖)

話す

はなす · 하나스
わ · 와

이야기하다, 말하다

話し相手 (はなしあいて · 하나시아이떼) 이야기상대
話し手 (はなして · 하나시떼) 이야기(말)하는 사람
話術 (わじゅつ · 와쥬쓰) 화술
会話 (かいわ · 가이와) 회화

放す

はなす · 하나스
ほう · 호오

풀다, 놓다, 떼다

放し飼い (はなしがい · 하나시가이) 놓아기름, 방목(放牧)
放れ馬 (はなれうま · 하나레우마) 고삐풀린 말
放任 (ほうにん · 호오닝) 방임
解放 (かいほう · 가이호오) 해방

甚だ

はなはだ・하나하다
じん・징

매우, 몹시

甚だしい （はなはだしい・하나하다시이） 정도가 심하다, 대단하다
甚大 （じんだい・진다이） 몹시 큼
深甚 （しんじん・신징） 매우 깊음

華やか

はなやか・하나야까
か・가

화려한 모양

華やぐ （はなやぐ・하나야구） 눈부시게 되다
華麗 （かれい・가레이） 화려함
昇華 （しょうか・쇼오까） 승화

離れる

はなれる・하나레루
り・리

떨어지다, 간격이 생기다

離れ島 （はなれじま・하나레지마） 외딴 섬
離れ離れ （はなればなれ・하나레바나레） 뿔뿔이 흩어짐
離縁状 （りえんじょう・리엔죠오） 이혼장
離陸 （りりく・리리꾸） 이륙

羽

はね · 하네
は · 하, う · 우, わ · 와   날개, 깃, 깃털

※ 「羽」는 음독이 「は」도 되고 「う」도 되며, 또한 「わ」도 되는 등 까다롭기 짝이 없다.

羽布団 （はねぶとん · 하네부똥) 새털이불
羽帚 （はねぼうき · 하네보오끼) 새털을 묶어서 만든 빗자루
羽衣 （はごろも · 하고로모) 우의, 날개옷
羽ばたき （はばたき · 하바다끼) 새의 날갯짓
羽毛 （うもう · 우모오) 깃털, 새털
一羽 （いちわ · 이찌와) (새) 한 마리

跳ねる

はねる · 하네루
ちょう · 죠오   뛰다, 뛰어오르다

跳ね起きる （はねおきる · 하네오끼루) 벌떡 일어나다
跳ね除ける （はねのける · 하네노께루) 뿌리치다
跳躍 （ちょうやく · 죠오야꾸) 도약
跳揚 （ちょうよう · 죠오요오) 껑충 뛰어오름

母

はは · 하하
ぼ · 보   어머니, 모친

母上 （ははうえ · 하하우에) 어머님
母方 （ははがた · 하하가따) 외가쪽
母情 （ぼじょう · 보죠오) 모정
母性愛 （ぼせいあい · 보세이아이) 모성애

幅
はば · 하바
ふく · 후꾸

폭, 넓이, 나비

幅跳び （はばとび · 하바또비） 넓이뛰기
幅広 （はばひろ · 하바히로） (보통보다) 폭이 넓음
画幅 （がふく · 가후꾸） 화폭
増幅 （ぞうふく · 조오후꾸） 증폭

浜
はま · 하마
ひん · 힝

해변의 모래밭

浜風 （はまかぜ · 하마가제） 갯바람
浜茄子 （はまなす · 하마나스） 해당화
海浜 （かいひん · 가이힝） 해빈, 해변

早い
はやい · 하야이
そう · 소오

빠르다, 날쎄다

早死に （はやじに · 하야지니） 요절, 젊어서 죽음
早引き （はやびき · 하야비끼） 조퇴(早退)
早朝 （そうちょう · 소오쪼오） 이른아침
早晩 （そうばん · 소오방） 조만간에

速い
はやい · 하야이
そく · 소꾸

(속도가) 빠르다

速足 （はやあし · 하야아시） 바쁜 걸음, 속보
速道 （はやみち · 하야미찌） 지름길, 빠른길
速力 （そくりょく · 소꾸료꾸） 속력
迅速 （じんそく · 진소꾸） 신속, 재빠름

林
はやし · 하야시
りん · 링

숲, 수풀

林道 （はやしみち · 하야시미찌） 숲속길
松林 （まつばやし · 마쓰바야시） 소나무숲
林野 （りんや · 링야） 임야
密林 （みつりん · 미쓰링） 밀림

腹
はら · 하라
ふく · 후꾸

배, 복부

腹帯 （はらおび · 하라오비） 복대, 배가리개
腹這い （はらばい · 하라바이） 엎드려 기어감
腹痛 （ふくつう · 후꾸쓰우） 복통
立腹 （りっぷく · 릿뿌꾸） 몹시 화를 냄

原

はら・하라
げん・겡

들, 벌판

原っぱ （はらっぱ・하랏빠） 주택지 따위에 있는 빈터
原稿 （げんこう・겡꼬오） 원고
草原 （そうげん・소오겡） 초원

払う

はらう・하라우
ふつ・후쓰

털다, 값을 치르다

払い除ける （はらいのける・하라이노께구루） 털어내다, 물리치다
払い戻し （はらいもどし・하라이모도시） 환불(還拂)
払暁 （ふつぎょう・후쓰교오） 새벽녘
払拭 （ふっしょく・훗쇼꾸） 불식, 털어냄

針

はり・하리
しん・싱

바늘

針金 （はりがね・하리가네） 철사
針鼠 （はりねずみ・하리네즈미） 고슴도치
針葉樹 （しんようじゅ・싱요오쥬） 침엽수
長針 （ちょうしん・죠오싱） (시계의) 긴 바늘

春 

はる · 하루
しゅん · 슝

봄, 전성기(全盛期)

春雨 （はるさめ · 하루사메） 봄비
春休み （はるやすみ · 하루야스미） 봄방학
春菊 （しゅんぎく · 슝기꾸） 쑥갓
思春期 （ししゅんき · 시슝끼） 사춘기

張る

はる · 하루
ちょう · 죠오

팽팽해지다, 뻗다

張り切る （はりきる · 하리끼루） 팽팽히 켕기다
張り込み （はりこみ · 하리꼬미） 잠복
張力 （ちょうりょく · 죠오료꾸） 장력
緊張 （きんちょう · 긴쬬오） 긴장

晴れる

はれる · 하레루
せい · 세이

(하늘이) 맑게 개다

晴れ着 （はれぎ · 하레기） 나들이옷
晴れ姿 （はれすがた · 하레스가따） 장한 모습, 환하게 차려입은 모습
晴天 （せいてん · 세이뗀） 청천, 맑게 갠 하늘
快晴 （かいせい · 가이세이） 쾌청

腫れる はれる · 하레루
しゅ · 슈　　　　붓다

腫れ （はれ · 하레） 부음, 부기
腫れ物 （はれもの · 하레모노） 종기, 부스럼
腫瘍 （しゅよう · 슈요오） 종양
浮腫 （ふしゅ · 후슈） 부종, 부기

日 ひ · 히,　び · 비
にち · 니찌,　にっ · 닛,　じつ · 지쓰　해, 태양, 날

※ 「日」는 훈독이 「ひ」도 되고 「び」도 되는데, 「해」를 가리킬 때는 「ひ」 「날」을 뜻할 때는 「び」가 된다. 음독 또한 「にち」도 되고 「にっ」도 되고 「じつ」도 되는 등 발음이 변화무쌍하다.

日当り （ひあたり · 히아따리） 양지, 햇살이 비치는 곳
日傘 （ひがさ · 히가사） 양산, 파라솔
記念日 （きねんび · 기넨비） 기념일
木曜日 （もくようび · 모꾸요오비） 목요일
日没 （にちぼつ · 니찌보쓰） 일몰, 해질녘
日用品 （にちようひん · 니찌요오힝） 일용품
日記 （にっき · 닛끼） 일기
日光 （にっこう · 닛꼬오） 일광, 햇빛
日月 （じつげつ · 지쓰게쓰）, 일월
翌日 （よくじつ · 요꾸지쓰） 이튿날, 다음날

火

ひ・히, び・비
か・가

불(빛)

※「火」 또한 훈독이 「ひ」도 되고 「び」도 된다.

火遊び （ひあそび・히아소비） 불장난
火鉢 （ひばち・히바찌） 화로
焚火 （たきび・다끼비） 화톳불, 모닥불
花火 （はなび・하나비） 불꽃, 폭죽(爆竹)
火事 （かじ・가지） 화재, 불
火山 （かざん・가장） 화산

秀でる

ひいでる・히이데루
しゅう・슈우

빼어나다, 뛰어나다

秀弟子 （ひいでし・히이데시） 빼어난 제자
秀才 （しゅうさい・슈우사이） 수재
優秀 （ゆうしゅう・유우슈우） 우수

冷える

ひえる・히에루
れい・레이

차가와지다, 식다

冷え込む （ひえこむ・히에꼬무） 몹시 차가와지다
冷え冷え （ひえびえ・히에비에） 냉랭한 모양
冷笑 （れいしょう・레이쇼오） 냉소
冷凍 （れいとう・레이또오） 냉동

東　ひがし・히가시
　　とう・도오

동, 동쪽, 동방

東風　（ひがしかぜ・히가시가제）동풍
東向き　（ひがしむき・히가시무끼）동향(東向)
東京　（とうきょう・도오꾜오）도오꾜오, 일본의 수도
極東　（きょくとう・교꾸또오）극동

僻む　ひがむ・히가무
　　へき・헤끼

순진하지 않고 비뚤어짐

僻み　（ひがみ・히가미）비뚤어진 마음
僻目　（ひがめ・히가메）사팔눈, 그릇봄
僻村　（へきそん・헤끼송）벽촌
僻地　（へきち・헤끼찌）벽지, 변두리땅

光る　ひかる・히까루
　　こう・고오

빛나다, 비치다

光らす　（ひからす・히까라스）빛나게 하다, 반들거리게 하다
光　（ひかり・히까리）빛, 광택
光彩　（こうさい・고오사이）광채
栄光　（えいこう・에이꼬오）영광

匹

ひき・히끼
ひつ・히쓰

짐승 · 물고기 · 벌레 등을 세는 단위, 마리

※ 「匹」는 같은 훈독이라도 그 마리수에 따라 「ひき」도 되고 「びき」도 되며 또한 「ぴき」도 된다.

二匹 (にひき・니히끼) 두 마리
三匹 (さんびき・산비끼) 세 마리
六匹 (ろっぴき・롯삐끼) 여섯 마리
匹敵 (ひってき・힛떼끼) 필적
匹婦 (ひっぷ・힛뿌) 필부, 평범한 아녀자

引く

ひく・히꾸
いん・잉

잡아당기다, 끌다

引き上げる (ひきあげる・히끼아게루) 끌어올리다, 철수하다
引き伸ばす (ひきのばす・히끼노바스) 잡아늘이다
引率 (いんそつ・인소쓰) 인솔
引用 (いんよう・잉요오) 인용

低い

ひくい・히꾸이
てい・데이

낮다, 얕다

低まる (ひくまる・히꾸마루) 낮아지다
低める (ひくめる・히꾸메루) 낮추다
低音 (ていおん・데이옹) 저음
低気圧 (ていきあつ・데이끼아쓰) 저기압

久しい ひさしい · 히사시이 オ래 되다
    きゅう · 규우 오래간만이다

久し振り （ひさしぶり · 히사시부리） 오래간만
久久 （ひさひさ · 히사히사） 오랫동안
永久 （えいきゅう · 에이뀨우） 영구, 영원
耐久 （たいきゅう · 다이뀨우） 내구

密か ひそか · 히소까 비밀히, 살며시, 몰래
    みつ · 미쓰

密やか （ひそやか · 히소야까） 살그머니, 남모르게
密度 （みつど · 미쓰도） 밀도
秘密 （ひみつ · 히미쓰） 비밀
密室 （みっしつ · 밋시쓰） 밀실

額 ひたい · 히따이 이마
    がく · 가꾸

額際 （ひたいぎわ · 히따이기와） 이마 위 머리털이 난 부분
額付き （ひたいつき · 히따이쓰끼） 이마의 생김새
額縁 （がくぶち · 가꾸부찌） 액자, 사진틀
金額 （きんがく · 깅가꾸） 금액

浸す

ひたす・히따스
しん・싱

（물에）담그다, 적시다

浸し物 （ひたしもの・히따시모노）데친 푸성귀
浸水 （しんすい・신스이）침수
浸潤 （しんじゅん・신쥰）침윤

左

ひだり・히다리
さ・사

왼쪽, 왼편

左利き （ひだりきき・히다리기끼）왼손잡이
左手 （ひだりて・히다리떼）왼손, 왼쪽
左遷 （させん・사셍）좌천
左右 （さゆう・사유우）좌우

羊

ひつじ・히쓰지
よう・요오

양

羊飼い （ひつじかい・히쓰지가이）양치기
羊水 （ようすい・요오스이）양수
羊毛 （ようもう・요오모오）양모

人

ひと · 히또
じん · 징, にん · 닝　　　사람, 인간

人柄 （ひとがら · 히또가라） 인품, 인격
人妻 （ひとづま · 히또즈마） 유부녀, 남의 아내
人人 （ひとびと · 히또비또） 사람들
盗人 （ぬすびと · 누스비또） 도둑놈
人生 （じんせい · 진세이） 인생
人物 （じんぶつ · 진부쓰） 인물
人間 （にんげん · 닝겡） 인간
人相 （にんそう · 닌소오） 인상

等しい

ひとしい · 히또시이
とう · 도오　　　같다, 동등하다

等し並 （ひとしなみ · 히또시나미） 동등함, 같은 수준
等級 （とうきゅう · 도오뀨우） 등급
上等品 （じょうとうひん · 죠오또오힝） 상등품

一つ　ひとつ・히또쓰
　　　　いち・이찌　　　　하나, 수(數)의 하나

一つ穴 （ひとつあな・히또쓰아나） 한통속, 한 패
一言 （ひとこと・히또꼬또） 한 마디
一月 （いちがつ・이찌가쓰） 1월
一輪 （いちりん・이찌링） 꽃 한 송이
一切 （いっさい・잇사이） 일체, 모두

独り　ひとり・히또리
　　　　どく・도꾸　　　　홀로, 혼자

独り言 （ひとりごと・히또리고또） 혼잣말, 독백
独り者 （ひとりもの・히또리모노） 독신자
独裁 （どくさい・도꾸사이） 독재
独立 （どくりつ・도꾸리쓰） 독립

響く　ひびく・히비꾸
　　　　きょう・교오　　　　(소리가) 울리다

響かせる （ひびかせる・히비까세루） 울리게 하다
響き （ひびき・히비끼） 울림, 그 소리
影響 （えいきょう・에이꾜오） 영향
反響 （はんきょう・항꾜오） 반향

暇

ひま・히마, いとま・이또마
か・가

틈, 짬, 한가한 시간

※「暇」는 훈독이 「ひま」도 되고 「いとま」도 된다.

暇潰し （ひまつぶし・히마쓰부시） 심심풀이, 심심파적
暇暇 （ひまひま・히마히마） 틈틈이
暇乞い （いとまごい・이또마고이）작별을 고함
休暇 （きゅうか・규우까） 휴가
余暇 （よか・요까） 여가, 한가한 때

姫

ひめ・히메
き・기

귀인의 딸로 미혼녀

姫君 （ひめぎみ・히메기미） 공주
姫鱒 （ひめます・히메마스） 각시송어
美姫 （びき・비끼） 미희

秘める

ひめる・히메루
ひ・히

숨기고 보이지 않다
알리지 않다

秘め事 （ひめごと・히메고또） 남에게 숨기는 일
秘密 （ひみつ・히미쓰） 비밀
極秘 （ごくひ・고꾸히） 극비

冷やす

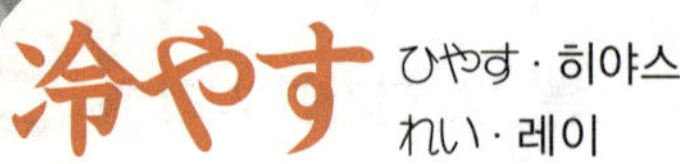

ひやす・히야스
れい・레이

식히다, 차게 하다

冷やし （ひやし・히야시） 차게 만든 것
冷や飯 （ひやめし・히야메시） 찬밥
冷静 （れいせい・레이세이） 냉정
冷凍 （れいとう・레이또오） 냉동

開く

ひらく・히라꾸
かい・가이

열다, 열리다, 벌어지다

開き封 （ひらきふう・히라끼후우） 봉하지 않은 우편물
開ける （ひらける・히라께루） 열리다, 트이다
開始 （かいし・가이시） 개시
展開 （てんかい・뎅까이） 전개

平たい

ひらたい・히라따이
へい・헤이

넓고 두껍지 않음, 납작하다

平手 （ひらて・히라떼） 손바닥
平屋 （ひらや・히라야） 단층집
平凡 （へいぼん・헤이봉） 평범
水平線 （すいへいせん・스이헤이셍） 수평선

昼

ひる・히루
ちゅう・쥬우

낮

昼飯 （ひるめし・히루메시） 점심
昼休み （ひるやすみ・히루야스미） 점심 후의 휴식시간
昼夜 （ちゅうや・쥬우야） 주야, 밤과 낮
白昼 （はくちゅう・하꾸쮸우） 백주, 대낮

広い

ひろい・히로이
こう・고오

넓다, (면적・폭이) 넓다

広場 （ひろば・히로바） 광장, 넓은 장소
広広 （ひろびろ・히로비로） 드넓은 모양
広告 （こうこく・고오꼬꾸） 광고
広野 （こうや・고오야） 광야, 넓은 들

拾う

ひろう・히로우
しゅう・슈우

(떨어진 것을) 줍다

拾い物 （ひろいもの・히로이모노） 습득물
拾い屋 （ひろいや・히로이야） 넝마주이
収拾 （しゅうしゅう・슈우슈우） 수습
拾得 （しゅうとく・슈우또꾸） 습득

拡げる　ひろげる・히로게루　　넓히다, 펴다
かく・가꾸

拡がり （ひろがり・히로가리） 퍼지는 정도
拡がる （ひろがる・히로가루） 넓어지다, 퍼지다
拡声機 （かくせいき・가꾸세이끼） 확성기
拡大 （かくだい・가꾸다이） 확대

笛　ふえ・후에　　피리, 호각
てき・데끼

草笛 （くさぶえ・구사부에） 풀피리
口笛 （くちぶえ・구찌부에） 휘파람
汽笛 （きてき・기떼끼） 기적
鼓笛隊 （こてきたい・고떼끼따이） 고적대

増える　ふえる・후에루　　(수량이) 늘다, 증가하다
ぞう・조오

増やす （ふやす・후야스） 늘리다, 불리다
増加 （ぞうか・조오까） 증가
増産 （ぞうさん・조오상） 증산

深い

ふかい · 후까이
しん · 싱

깊다, 짙다

深さ （ふかさ · 후까사） 깊이
深手 （ふかで · 후까데） 깊은 상처, 중상(重傷)
深淵 （しんえん · 싱엥） 심연, 깊은 못
深刻 （しんこく · 싱꼬꾸） 심각

吹く

ふく · 후꾸
すい · 스이

(바람이) 불다

吹き入れる （ふきいれる · 후끼이레루） 불어넣다
吹き曝し （ふきさらし · 후끼사라시） 비바람을 그대로 맞음
吹奏 （すいそう · 스이소오） 취주
鼓吹 （こすい · 고스이） 고취

含む

ふくむ · 후꾸무
がん · 강

포함하다, 함유하다

含まれる （ふくまれる · 후꾸마레루） 포함되다
含み声 （ふくみごえ · 후꾸미고에） 입 속에서 우물거리는 소리
含有 （がんゆう · 강유우） 함유
包含 （ほうがん · 호오강） 포함

袋　ふくろ・후꾸로　たい・다이

주머니, 자루, 부대

袋小路　（ふくろこうじ・후꾸로고오지）　막다른 골목
袋叩き　（ふくろだたき・후꾸로다다끼）　뭇매
風袋　（ふうたい・후우따이）　봉지
郵袋　（ゆうたい・유우따이）　우편낭

老ける　ふける・후께루　ろう・로오

나이를 먹다, 늙다

老け役　（ふけやく・후께야꾸）　노역(老役)
老朽　（ろうきゅう・로오뀨우）　노후
老人　（ろうじん・로오징）　노인

房　ふさ・후사　ぼう・보오

꽃이나 열매의 송이

房生り　（ふさなり・후사나리）　(과일 따위가) 주렁주렁 달림
房房　（ふさぶさ・후사부사）　주렁주렁
房事　（ぼうじ・보오지）　방사(房事), 성교(性交)
女房　（にょうぼう・뇨오보오）　아내, 마누라

塞ぐ

ふさぐ · 후사구
さい · 사이

막다, 봉하다

塞がる （ふさがる · 후사가루） 막히다, 메다
塞ぎ込む （ふさぎこむ · 후사기꼬무） 울적해하다
要塞 （ようさい · 요오사이） 요새

節

ふし · 후시
せつ · 세쓰

마디, 옹이, 가락

節穴 （ふしあな · 후시아나） 널빤지의 옹이구멍
節節 （ふしぶし · 후시부시） (관절의) 마디마디
節米 （せつまい · 세쓰마이） 절미, 쌀을 아낌
節約 （せつやく · 세쓰야꾸） 절약

藤

ふじ · 후지
とう · 도오

등, 등나무

藤色 （ふじいろ · 후지이로） 연보라빛
藤葛 （ふじかずら · 후지가즈라） 등나무덩굴
葛藤 （かっとう · 갓또오） 갈등

伏す

ふす・후스
ふく・후꾸

엎드리다, 숨다

伏目 （ふしめ・후시메） 내려뜨는 눈
伏せる （ふせる・후세루） 엎드리다, 숨다
伏従 （ふくじゅう・후꾸쥬우） 복종
降伏 （こうふく・고오후꾸） 항복

防ぐ

ふせぐ・후세구
ぼう・보오

막다, 방어하다

防ぎ （ふせぎ・후세기） 방어, 막음
防音 （ぼうおん・보오옹） 방음
防寒帽 （ぼうかんぼう・보오깐보오） 방한모

蓋

ふた・후따
がい・가이

뚜껑, 덮개

蓋付き （ふたつき・후따쓰끼） 뚜껑이 달림
蓋物 （ふたもの・후따모노） 뚜껑이 있는 물건
蓋然性 （がいぜんせい・가이젠세이） 개연성
無蓋車 （むがいしゃ・무가이샤） 무개차

札

ふだ・후다
さつ・사쓰

표(標), 팻말, 패(牌)

札付き （ふだつき・후다쓰끼） 딱지가 붙은
札留め （ふだどめ・후다도메） 출입금지 팻말
札入れ （さついれ・사쓰이레） 돈지갑
入札 （にゅうさつ・뉴우사쓰） 입찰

豚

ぶた・부따
とん・동

돼지

豚小屋 （ぶたごや・부따고야） 돼지우리
豚箱 （ぶたばこ・부따바꼬） 유치장
豚カツ （とんかつ・동까스） 돈까스
河豚 （ふぐ・후구） 복어

縁

ふち・후찌
えん・엔

언저리, 모서리, 테

縁取る （ふちどる・후찌도루） 테를 두르다
縁べり （ふちべり・후찌베리） 둘레
縁側 （えんがわ・엥가와） 툇마루
縁切り （えんきり・엥끼리） 인연을 끊음, 절연 (絶縁)

筆　ふで・후데／ひつ・히쓰　　붓, 모필

筆入れ（ふでいれ・후데이레）필통, 필갑
筆跡（ふであと・후데아또）필적, 쓴 글자
筆舌（ひつぜつ・히쓰제쓰）필설, 글과 말
名筆（めいひつ・메이히쓰）명필

太い　ふとい・후또이／たい・다이　　굵다

太目（ふとめ・후또메）굵은 편임, 굵은듯함
太股（ふともも・후또모모）넓적다리, 대퇴부
太古（たいこ・다이꼬）태고
明太（めんたい・멘따이）명태, 부개

懐　ふところ・후도꼬로／かい・가이　　품

懐刀（ふところがたな・후도꼬로가따나）비수(匕首)
懐手（ふところで・후도꼬로데）두 손을 품 속에 넣음
懐中時計（かいちゅうどけい・가이쮸우도께이）회중시계
本懐（ほんかい・홍까이）염원(念願)

太る

ふとる・후또루
たい・다이

굵어지다, 살이 찌다

太っ腹 （ふとっぱら・후돗빠라） 배짱이 큼
太り肉 （ふとりじし・후또리지시） 비만
太鼓腹 （たいこばら・다이꼬바라） 올챙이 배
太平 （たいへい・다이헤이） 태평

船

ふな・후나,　ふね・후네
せん・셍

배

※「船」는 훈독이 「ふな」도 되고 「ふね」도 되며 한자로 「舟」라고도 쓰는
데,「舟」는 「작은배」를 뜻한다.

船路 （ふなじ・후나지） 뱃길, 항로
船酔い （ふなよい・후나요이） 뱃멀미
小舟 （こぶね・고부네） 작은 배
船室 （せんしつ・센시쓰） 선실
連絡線 （れんらくせん・렌라꾸셍） 연락선

文

ふみ・후미
ぶん・붕

글, 문서, 편지

恋文 （こいぶみ・고이부미） 연서, 러브레터
文芸 （ぶんげい・붕게이） 문예
文章 （ぶんしょう・분쇼오） 문장

踏む
ふむ・후무
とう・도오

밟다, 디디다

踏み切り （ふみきり・후미끼리） (철로의) 건널목
踏み付ける （ふみつける・후미쓰께루） 짓밟다
踏査 （とうさ・도오사） 답사
雑踏 （ざっとう・잣또오） 혼잡, 붐빔

冬
ふゆ・후유
とう・도오

겨울

冬篭り （ふゆごもり・후유고모리） 동면(冬眠)
冬将軍 （ふゆしょうぐん・후유쇼오궁） 동장군
厳冬 （げんとう・겐또오） 엄동
暖冬 （だんとう・단또오） 난동

降る
ふる・후루
こう・고오

(비・눈 따위가) 내리다, 오다

降り注ぐ （ふりそそぐ・후리소소구） 내리쏟아지다
降り積もる （ふりつもる・후리쓰모루） 내려쌓이다
降雨 （こうう・고오우） 강우
下降 （かこう・가꼬오） 하강

振る
ふる・후루
しん・싱

흔들다

振り回す （ふりまわす・후리마와스） 휘두르다
振り向く （ふりむく・후리무꾸） 뒤돌아보다
振動 （しんどう・신도오） 진동
不振 （ふしん・후싱） 부진

古い
ふるい・후루이
こ・고

오래 되다, 헐다

古着 （ふるぎ・후루기） 헌 옷, 낡은 옷
古本屋 （ふるほんや・후루홍야） 헌책방
古今 （ここん・고꽁） 고금
復古風 （ふっこふう・훗꼬후우） 복고풍

奮う
ふるう・후루우
ふん・훙

떨치다, 용기를 내다

奮い起こす （ふるいおこす・후루이오꼬스） 불러일으키다
奮い立つ （ふるいたつ・후루이다쓰） 분발하다
奮闘 （ふんとう・훈또오） 분투
興奮 （こうふん・고오훙） 흥분

震える　ふるえる・후루에루　しん・싱　　떨리다, 흔들리다

震い （ふるい・후루이） 떨림, 진동
震わせる （ふるわせる・후루와세루） 진동시키다
震動 （しんどう・신도오） 진동
地震 （じしん・지싱） 지진

触れる　ふれる・후레루　しょく・쇼꾸　　닿다, 접촉하다

触れ合い （ふれあい・후레아이） 마음이 서로 통함
触れ回る （ふれまわる・후레마와루） 여기저기 알리며 다니다
触感 （しょっかん・숏깡） 촉감, 닿는 느낌
接触 （せっしょく・셋쇼꾸） 접촉

隔てる　へだてる・헤다떼루　かく・가꾸　　사이를 떼다

隔たり （へだたり・헤다따리） 간격, 거리, 격차
隔て （へだて・헤다떼） 간막이, 경계
隔離 （かくり・가꾸리） 격리
間隔 （かんかく・강까꾸） 간격

紅

べに・베니,　くれない・구레나이
こう・고오

주홍색, 연지

※「紅」는 훈독이 「べに」도 되고 「くれない」도 된다.

紅色 （べにいろ・베니이로） 주홍색
紅白粉 （べにおしろい・베니오시로이） 연지와 가루분, 화장
紅唇 （こうしん・고오싱） 붉은 입술
紅茶 （こうちゃ・고오쨔） 홍차

蛇

へび・헤비
じゃ・쟈

뱀

蛇苺 （へびいちご・헤비이찌고） 뱀딸기
蛇とんぼ （へびとんぼ・헤비돈보） 뱀잠자리
蛇口 （じゃぐち・쟈구찌） 수도꼭지
大蛇 （だいじゃ・다이쟈） 큰 뱀, 구렁이

減る

へる・헤루
げん・겡

줄다, 적어지다

減らす （へらす・헤라스） 줄이다, 감하다
減らず口 （へらずぐち・헤라즈구찌） 지지 않으려고 하는 당치 않은 말
減少 （げんしょう・겐쇼오） 감소
削減 （さくげん・사꾸겡） 삭감

経る

へる・헤루
けい・게이

거치다, 지나다

経巡る （へめぐる・헤메구루） 편력하다
経過 （けいか・게이까） 경과
経歴 （けいれき・게이레끼） 경력

帆

ほ・호
はん・항

돛, 돛대

帆立貝 （ほだてがい・호다떼가이） 가리비
帆柱 （ほばしら・호바시라） 돛대, 마스트
帆船 （はんせん・한셍） 범선, 돛배
出帆 （しゅっぱん・슛빵） 출범

外

ほか・호까, そと・소또
がい・가이

다른 것, 딴 것(곳)

※「外」는 훈독이「ほか」도 되고「そと」도 되는데, 주로「바깥」을 뜻할 때는「そと」로 발음한다.

外の人 （ほかのひと・호까노히또） 다른 사람
外の店 （ほかのみせ・호까노미세） 다른 가게
外歩き （そとあるき・소또아루끼） 나들이
外側 （そとがわ・소또가와） 바깥쪽
外人 （がいじん・가이징） 외국인
郊外 （こうがい・고오가이） 교외

誇る
ほこる・호꼬루
こ・고

자랑하다, 뽐내다

誇らしい （ほこらしい・호꼬라시이） 자랑스럽다
誇り （ほこり・호꼬리） 자랑, 긍지
誇示 （こじ・고지） 과시
誇張 （こちょう・고쬬오） 과장

星
ほし・호시
せい・세이

별, 세월

星影 （ほしかげ・호시가게） 별빛
星月夜 （ほしづきよ・호시즈끼요） 별빛이 밝은 밤
星雲 （せいうん・세이웅） 성운
十字星 （じゅうじせい・쥬우지세이） 십자성

欲しい
ほしい・호시이
よく・요꾸

탐나다, ～하고 싶다

欲しいまま （ほしいまま・호시이마마） 제멋대로 함
欲しがる （ほしがる・호시가루） 탐내다
欲望 （よくぼう・요꾸보오） 욕망
禁欲 （きんよく・깅요꾸） 금욕

干す　ほす・호스
かん・강　　말리다

干し柿　（ほしがき・호시가끼）곶감
干し物　（ほしもの・호시모노）세탁물
干支　（かんし・간시）12지
干満　（かんまん・간망）간만

細い　ほそい・호소이
さい・사이　　가늘다

細面　（ほそおもて・호소오모떼）갸름한 얼굴
細長い　（ほそながい・호소나가이）홀쭉하다
細工　（さいく・사이꾸）세공, 세공품
明細書　（めいさいしょ・메이사이쇼）명세서

蛍　ほたる・호따루
けい・게이　　반디, 개똥벌레

蛍狩り　（ほたるがり・호따루가리）개똥벌레 잡기놀이
蛍火　（ほたるび・호따루비）반딧불
蛍雪　（けいせつ・게이세쓰）형설
蛍光燈　（けいこうとう・게이꼬오또오）형광등

程

ほど・호도
てい・데이

한도, 정도, 분수

程無く （ほどなく・호도나꾸） 이윽고, 멀지 않아
程程 （ほどほど・호도호도） 적당히, 분수에 맞게
程度 （ていど・데이도） 정도
過程 （かてい・가떼이） 과정

仏

ほとけ・호또께
ぶつ・부쓰

부처, 불타

仏心 （ほとけごころ・호또께고꼬로） 불심, 자비로운 마음
仏様 （ほとけさま・호또께사마） 부처님
仏道 （ぶつどう・부쓰도오） 불도
大仏 （だいぶつ・다이부쓰） 대불, 큰 불상
仏教 （ぶっきょう・붓꾜오） 불교

施す

ほどこす・호도꼬스
し・시

베풀다, 주다

施し （ほどこし・호도꼬시） 베프름
施策 （しさく・시사꾸） 시책
実施 （じっし・짓시） 실시

骨　ほね・호네　こつ・고쓰　　뼈, 기골

骨折り （ほねおり・호네오리） 노고, 수고
骨接ぎ （ほねつぎ・호네쓰기） 접골
骨髄 （こつずい・고쓰즈이） 골수
骸骨 （がいこつ・가이꼬쓰） 해골
骨格 （こっかく・곳까꾸） 골격

微笑む　ほほえむ・호호에무　び・비　　미소짓다

微笑み （ほほえみ・호호에미） 미소
微行 （びこう・비꼬오） 미행
微生物 （びせいぶつ・비세이부쓰） 미생물

誉める　ほめる・호메루　よ・요　　칭찬하다, 찬양하다

誉れ （ほまれ・호마레） 명예, 자랑거리
誉め称える （ほめたたえる・호메다따에루） 극구 찬양하다
栄誉 （えいよ・에이요） 영예
名誉 （めいよ・메이요） 명예

洞

ほら・호라
どう・도오

굴, 동굴

洞穴 （ほらあな・호라아나） 동굴
洞が峠 （ほらがとうげ・호라가도오게） 기회주의
洞察 （どうさつ・도오사쓰） 통찰
空洞 （くうどう・구우도오） 공동

掘る

ほる・호루
くつ・구쓰

파다, 구멍을 뚫다

掘り下げる （ほりさげる・호리사게루） 파내려가다
掘り出し物 （ほりだしもの・호리다시모노） 의외로 싸게 산 물건
掘進 （くっしん・굿싱） 굴진
発掘 （はっくつ・핫꾸쓰） 발굴

彫る

ほる・호루
ちょう・죠오

새기다, 조각하다

彫り付ける （ほりつける・호리쓰께루） 새겨넣다
彫り物 （ほりもの・호리모노） 조각품, 문신(文身)
彫刻 （ちょうこく・죠오꼬꾸） 조각
木彫 （もくちょう・모꾸죠오） 목조

 ほろぶ · 호로부
めつ · 메쓰

멸망하다, 망하다,
「滅びる」라고도 한다.

滅ぼす （ほろぼす · 호로보스） 멸망시키다
滅亡 （めつぼう · 메쓰보오） 멸망
幻滅 （げんめつ · 겐메쓰） 환멸
滅多に （めったに · 멧따니） 좀처럼

眞	ま · 마 しん · 싱	참, 진실

真心 （まごころ · 마고꼬로） 진심
真夏 （まなつ · 마나쓰） 한여름, 성하(盛夏)
真剣 （しんけん · 싱껭） 진지함
写真 （しゃしん · 샤싱） 사진

舞う	まう · 마우 ぶ · 부	춤추다, 흩날리다

舞 （まい · 마이） 춤, 무용
獅子舞 （ししまい · 시시마이） 사자춤
舞台 （ぶたい · 부따이） 무대
舞踊 （ぶよう · 부요오） 무용

前	まえ · 마에 ぜん · 젱	앞, 먼저

前売り （まえうり · 마에우리） 예매(予賣)
前垂れ （まえだれ · 마에다레） 앞치마, 에이프런
前進 （ぜんしん · 젠싱） 전진
前夜 （ぜんや · 젱야） 전야, 전날밤

任す
まかす・마까스
にん・닝

맡기다, 「任せる」라고도 함

任し物 （まかしもの・마까시모노） 맡긴 물건
任務 （にんむ・닌무） 임무
任命 （にんめい・닌메이） 임명

曲がる
まがる・마가루
きょく・교꾸

구부러지다, 굽다

曲り角 （まがりかど・마가리가도） 길모퉁이, 전환점
曲げる （まげる・마게루） 구부리다, 굽히다
曲線 （きょくせん・교꾸셍） 곡선
歌曲 （かきょく・가교꾸） 가곡

巻く
まく・마꾸
かん・강

감다, 말다

巻煙草 （まきたばこ・마끼다바꼬） 궐연
巻物 （まきもの・마끼모노） 두루마리
巻頭言 （かんとうげん・간또오겡） 권두언. 머리말
一巻 （いっかん・잇깡） 한 권

負ける
まける · 마께루
ふ · 후

지다, 패하다

負け軍 （まけいくさ · 마께이꾸사） 진 전쟁
負けじ魂 （まけじたましい · 마께지다마시이）지지 않으려는 정신, 투지
負傷 （ふしょう · 후쇼오） 부상
勝負 （しょうぶ · 쇼오부） 승부

孫
まご · 마고
そん · 송

손자

孫の手 （まごのて · 마고노데） 효자손, 등긁기
孫娘 （まごむすめ · 마고무스메） 손녀
王孫 （おうそん · 오오송） 왕손
子孫 （しそん · 시송） 자손

誠
まこと · 마꼬또
せい · 세이

진실, 사실

誠しやか （まことしやか · 마꼬또시야까） 그럴듯함
誠に （まことに · 마꼬또니） 진실로, 참으로
誠実 （せいじつ · 세이지쓰） 성실
忠誠 （ちゅうせい · 쥬우세이） 충성

勝る

まさる · 마사루
しょう · 쇼오

보다 더 낫다, 우수하다

勝り者 （まさりもの · 마사리모노） 뛰어난 자
勝負 （しょうぶ · 쇼오부） 승부
名勝地 （めいしょうち · 메이쇼오찌） 명승지

交わる

まじわる · 마지와루
こう · 고오

뒤섞이다, 엇갈리다

交じり気 （まじりけ · 마지리께） 섞인 것, 불순물
交わり （まじわり · 마지와리） 뒤섞임, 교제
交通 （こうつう · 고오쓰우） 교통
交流 （こうりゅう · 고오류우） 교류

升

ます · 마스
しょう · 쇼오

홉, 되, 말
「枡」라고도 씀

升形 （ますがた · 마스가따） 되모양의 네모난 형태
升目 （ますめ · 마스메） 되로 된 분량
一升 （いっしょう · 잇쇼오） 한 되

先ず
まず · 마즈
せん · 셍

우선, 처음에

先ず先ず （まずまず · 마즈마즈） 그런대로
先ず以って （まずもって · 마즈못떼） 우선
先駆者 （せんくしゃ · 셍꾸샤） 선구자
先導 （せんどう · 센도오） 선도

貧しい
まずしい · 마즈시이
ひん · 힝

가난하다, 빈약하다

貧しさ （まずしさ · 마즈시사） 가난함
貧血 （ひんけつ · 힝께쓰） 빈혈
貧乏 （びんぼう · 빈보오） 가난, 빈곤

又
また · 마따
ゆう · 유우

다음, 또다시

又聞き （またきき · 마따기끼） 간접적으로 들음
又の日 （またのひ · 마따노히） 훗날, 뒷날
又新 （ゆうしん · 유우싱） 우신
十又三年 （じゅうゆうさんねん · 쥬우유우산넹） 10년하고도 3년

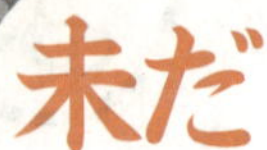

未だ　まだ・마다　み・미　　아직, 아직도

未だしも （まだしも・마다시모） 그런대로, 불충분하지만
未だ未だ （まだまだ・마다마다） 아직의 힘준말
未曾有 （みぞう・미조우） 미증유
未来 （みらい・미라이） 미래

瞬く　またたく・마따다꾸　しゅん・슌　　눈을 깜빡이다, 반짝이다

瞬き （またたき・마따다끼） 깜빡임, 번쩍임
瞬く間 （またたくま・마따다꾸마） 눈깜짝할 사이
瞬間 （しゅんかん・슌깡） 순간
一瞬 （いっしゅん・잇슌） 일순, 순간

斑　まだら・마다라　はん・항　　얼룩이

斑牛 （まだらうし・마다라우시） 얼룩소
斑紐 （まだらひも・마다라히모） 얼룩끈
斑点 （はんてん・한뗑） 반점, 얼룩점
紫斑 （しはん・시항） 자반, 푸른 반점

町

まち・마찌
ちょう・죠오

(번화한) 거리

町角 (まちかど・마찌가도) 길모퉁이
町外れ (まちはずれ・마찌하즈레) 시외, 변두리
町会 (ちょうかい・죠오까이) 동사무소
一町目 (いっちょうめ・잇쬬오메) 일가(一街)

街

まち・마찌
がい・가이

거리, 집이 많은 곳

街中 (まちなか・마찌나까) 시내, 시가지
街道 (がいどう・가이도오) 가도
商店街 (しょうてんがい・쇼오뗑가이) 상점가

松

まつ・마쓰
しょう・쇼오

소나무

松毛虫 (まつけむし・마쓰게무시) 송충이
松葉 (まつば・마쓰바) 솔잎
落葉松 (らくようしょう・라꾸요오쇼오) 낙엽송
老松 (ろうしょう・로오쇼오) 노송

待つ　まつ・마쓰　／　たい・다이　　기다리다, 기대하다

待ち焦がれる （まちこがれる・마찌고가레루） 애타게 기다리다
待ち遠しい （まちどおしい・마찌도오시이） 기다려지다
待遇 （たいぐう・다이구우） 대우
期待 （きたい・기따이） 기대

全く　まったく・맛따꾸　／　ぜん・젱　　아주, 완전히, 참으로

全し （まったし・맛따시） 완전함
全うする （まっとうする・맛또오스루） 완수하다
全快 （ぜんかい・젱까이） 전쾌, 완전히 낫다
全部 （ぜんぶ・젬부） 전부, 모두

祭り　まつり・마쓰리　／　さい・사이　　축제, 제사

祭り上げる （まつりあげる・마쓰리아게루） 추대하다, 떠받들다
祭る （まつる・마쓰루） 제사지내다
祭典 （さいてん・사이뗑） 제전
祝祭 （しゅくさい・슈꾸사이） 축제

的

まと・마또
てき・데끼　　　　과녁

的場 （まとば・마또바）활터
的外れ （まとはずれ・마또하즈레）빗나감, 요점을 벗어남
的中 （てきちゅう・데끼쮸우）적중
美的 （びてき・비떼끼）미적

窓

まど・마도
そう・소오　　　　창, 창문

窓口 （まどぐち・마도구찌）창구
窓辺 （まどべ・마도베）창가, 창변
学窓 （がくそう・가꾸소오）학창
同窓会 （どうそうかい・도오소오까이）동창회

惑う

まどう・마도우
わく・와꾸　　　　망설이다, 당혹하다

惑い （まどい・마도이）미혹(迷惑)
惑わす （まどわす・마도와스）혼란시키다, 헛갈리게 하다
疑惑 （ぎわく・기와꾸）의혹
誘惑 （ゆうわく・유우와꾸）유혹

眼

まなこ · 마나꼬
がん · 강

눈, 눈알

眼差し （まなざし · 마나자시） 눈빛, 눈길
眼目 （がんもく · 간모꾸） 안목
着眼 （ちゃくがん · 쟈꾸강） 착안

学ぶ

まなぶ · 마나부
がく · 가꾸, がっ · 갓

배우다, 공부하다

※ 「学」는 음독이 「がく」도 되고 「がっ」도 된다.

学び （まなび · 마나비） 배움, 학문, 수업
学び舎 （まなびや · 마나비야） 학사, 학교
学問 （がくもん · 가꾸몽） 학문
大学 （だいがく · 다이가꾸） 대학
一学期 （いちがっき · 이찌갓끼） 1학기
学校 （がっこう · 갓꼬오） 학교

豆

まめ · 마메
とう · 도오

콩

豆粕 （まめかす · 마메가스） 콩깻묵
豆本 （まめほん · 마메홍） 휴대용의 작은 책
豆乳 （とうにゅう · 도오뉴우） 두유
豆腐 （とうふ · 도오후） 두부

守る

まもる · 마모루
しゅ · 슈

지키다, 수호하다

守り （まもり · 마모리） 방비, 수호
守り札 （まもりふだ · 마모리후다） 부적
守備 （しゅび · 슈비） 수비
死守 （ししゅ · 시슈） 사수

護る

まもる · 마모루
ご · 고

지키다, 수호하다

護り （まもり · 마모리） 부호, 부적
護り神 （まもりがみ · 마모리가미） 수호신
護衛 （ごえい · 고에이） 호위
弁護士 （べんごし · 벵고시） 변호사

眉

まゆ · 마유
び · 비

눈썹
「眉毛（まゆげ）」라고도 함

眉尻 （まゆじり · 마유지리） 눈썹꼬리, 눈썹끝
眉唾物 （まゆつばもの · 마유쓰바모노） 불확실하고 의심스러운 것
焦眉 （しょうび · 쇼오비） 초미, 매우 급함
柳眉 （りゅうび · 류우비） 미인의 아름다운 눈썹

 迷う
まよう・마요우
めい・메이

망설이다, 갈피를 못잡다

迷い （まよい・마요이） 망설임, 헤맴
迷い子 （まよいご・마요이고） 미아
迷信 （めいしん・메이싱） 미신
昏迷 （こんめい・곤메이） 혼미

 丸
まる・마루
がん・강

동그라미, 둥근 것

丸切り （まるきり・마루끼리） 몽땅, 아주
丸太 （まるた・마루따） 통나무
丸薬 （がんやく・강야꾸） 환약
弾丸 （だんがん・당강） 탄환, 총알

 円
まる・마루
えん・엥

동그라미, 둥근 것

円形 （まるがた・마루가따） 원형
円満 （えんまん・엔망） 원만
楕円形 （だえんけい・다엥께이） 타원형

回る
まわる · 마와루
かい · 가이

돌다, 구석까지 미치다

回す （まわす · 마와스） 돌리다
回り道 （まわりみち · 마와리미찌） 돌아서 가는 길
回転 （かいてん · 가이뗑） 회전
回覧 （かいらん · 가이랑） 회람

実
み · 미
じつ · 지쯔

열매, 과실

実り （みのり · 미노리） 결실, 성과
実る （みのる · 미노루） 열매맺다, 여물다
実用 （じつよう · 지쓰요오） 실용
忠実 （ちゅうじつ · 쥬우지쓰） 충실
実行 （じっこう · 짓꼬오） 실행

身
み · 미
しん · 싱

몸, 신체, 일신

身拵え （みごしらえ · 미고시라에） 몸차림
身寄り （みより · 미요리） 친척
身体 （しんたい · 신따이） 신체, 몸
献身 （けんしん · 겐싱） 헌신

磨く

みがく・미가꾸
ま・마

닦다, 연마하다

磨き粉 （みがきこ・미가끼꼬） 닦는데 쓰는 가루
靴磨き （くつみがき・구쓰미가끼） 구두닦이
磨耗 （まもう・마모오） 마모, 닳아서 얇아짐
琢磨 （たくま・다꾸마） 탁마

幹

みき・미끼
かん・강

나무줄기, 사물의 주요부분

幹上 （みきうえ・미끼우에） 줄기 위
幹部 （かんぶ・간부） 간부
主幹 （しゅかん・슈깡） 주간

右

みぎ・미기
ゆう・유우

오른쪽, 우측

右側 （みぎがわ・미기가와） 오른쪽, 우측
右手 （みぎて・미기떼） 오른손, 오른쪽
右派 （ゆうは・유우하） 우파
座右銘 （ざゆうめい・자유우메이） 좌우명

短い

みじかい · 미지까이
たん · 당

짧다

短目 （みじかめ · 미지까메） 약간 짤막함
短夜 （みじかよ · 미지까요） (여름철의) 짧은 밤
短刀 （たんとう · 단또오） 단도
長短 （ちょうたん · 죠오땅） 장단

惨め

みじめ · 미지메
さん · 상

비참함, 참혹함

惨め様 （みじめさま · 미지메사마） 비참한 모양
惨劇 （さんげき · 상게끼） 참극
悲惨 （ひさん · 히상） 비참

水

みず · 미즈
すい · 스이

물

水着 （みずぎ · 미즈기） 수영복
水商売 （みずしょうばい · 미즈쇼오바이） 물장사, 접객업
水筒 （すいとう · 스이또오） 수통, 물병
山水画 （さんすいが · 산스이가） 산수화

湖

みずうみ · 미즈우미
こ · 고

호수

湖辺 （みずうみべ · 미즈우미베） 호숫가
湖沼 （こしょう · 고쇼오） 호소
湖畔 （こはん · 고항） 호반, 호숫가

店

みせ · 미세
てん · 뎅

가게, 상점

店先 （みせさき · 미세사끼） 점두, 가게 앞
店開き （みせびらき · 미세비라끼） 개점, 개업
店員 （てんいん · 뎅잉） 점원
百貨店 （ひゃっかてん · 햣까뗑） 백화점

満たす

みたす · 미따스
まん · 망

가득 채우다

満ち潮 （みちしお · 미찌시오） 만조, 밀물
満ちる （みちる · 미찌루） 가득 차다
満員 （まんいん · 망잉） 만원
満点 （まんてん · 만뗑） 만점

妄り

みだり・미다리
もう・모오

함부로 행동함
사리에 어긋남

妄りに （みだりに・미다리니） 함부로, 멋대로
妄想 （もうそう・모오소오） 망상
妄動 （もうどう・모오도오） 망동, 함부로 날뜀

乱れる

みだれる・미다레루
らん・랑

어지러워지다, 혼란해지다

乱れ （みだれ・미다레） 혼란, 흐트러짐
乱れ髪 （みだれがみ・미다레가미） 흐트러진 머리
乱暴 （らんぼう・란보오） 난폭
反乱 （はんらん・한랑） 반란

道

みち・미찌
どう・도오

길, 도로

道連れ （みちづれ・미찌즈레） 길동무, 반려자
道程 （みちのり・미찌노리） 도정, 거리
道徳 （どうとく・도오또꾸） 도덕
鉄道 （てつどう・데쓰도오） 철도

路

みち・미찌
ろ・로

길, 골목

路案内 （みちあんない・미찌안나이） 길안내
路も狭に （みちもせに・미찌모세니） 길 그득히
路地 （ろじ・로지） 골목길
路線 （ろせん・로셍） 노선

導く

みちびく・미찌비꾸
どう・도오

인도하다, 이끌다

導き （みちびき・미찌비끼） 인도, 안내
導入 （どうにゅう・도오뉴우） 도입
指導 （しどう・시도오） 지도

認める

みとめる・미또메루
にん・닝

인정하다

認め印 （みとめいん・미또메잉） 막도장
認識 （にんしき・닌시끼） 인식
認定 （にんてい・닌떼이） 인정

緑

みどり · 미도리
りょく · 료꾸

녹색, 초록빛

緑色 （みどりいろ · 미도리이로） 녹색
緑林 （みどりばやし · 미도리바야시） 녹색의 숲
緑陰 （りょくいん · 료꾸잉） 녹음
緑土 （りょくど · 료꾸도） 녹토

皆

みな · 미나
かい · 가이

모두, 남김없이, 전부

※「皆」는 훈독이 「みな」도 되고 「みんな」도 된다.

皆殺し （みなごろし · 미나고로시） 몰살
皆が皆 （みながみな · 미나가미나） 하나도 남김없이
皆勤賞 （かいきんしょう · 가이낑쇼오） 개근상
皆目 （かいもく · 가이모꾸） 전혀, 아예

港

みなと · 미나또
こう · 고오

항구

港風 （みなとかぜ · 미나또가제） 항구에 부는 바람
港町 （みなとまち · 미나또마찌） 항구도시
港湾 （こうわん · 고오왕） 항만
開港 （かいこう · 가이꼬오） 개항

みなみ・미나미
なん・낭

남, 남쪽

南十字星（みなみじゅうじせい・미나미쥬우지세이）남십자성
南半球（みなみはんきゅう・미나미항뀨우）남반구
南国（なんごく・낭고꾸）남국
南洋（なんよう・낭요오）남양

みね・미네
ほう・호오

산봉우리, 산꼭대기

※「산봉우리」는「峯（みね）」라고도 쓴다.

峰打ち（みねうち・미네우찌）칼등으로 내리침
高峰（たかみね・다까미네）높은 산봉우리
最高峰（さいこうほう・사이꼬오호오）최고봉

みみ・미미
じ・지

귀, 청각기관

耳打ち（みみうち・미미우찌）귓속말, 귀엣말
耳飾り（みみかざり・미미가자리）귀걸이
耳鼻咽喉科（じびいんこうか・지비잉꼬오까）이비인후과
耳目（じもく・지모꾸）이목

宮

みや · 미야
きゅう · 규우

궁, 궁전

宮仕え （みやづかえ · 미야즈까에） 벼슬살이, 고용살이
宮人 （みやびと · 미야비또） 벼슬아치
宮殿 （きゅうでん · 규우뎅） 궁전
王宮 （おうきゅう · 오오뀨우） 왕궁

都

みやこ · 미야꼬
と · 도

서울, 수도, 도읍지

都落ち （みやこおち · 미야꼬오찌） 낙향(落郷)
都育ち （みやこそだち · 미야꼬소다찌） 서울에서 자람
都会 （とかい · 도까이） 도회, 도시
旧都 （きゅうと · 규우또） 옛날의 수도

見る

みる · 미루
けん · 겡

보다, 보살피다

見る見る （みるみる · 미루미루） 순식간에, 보고 있는 사이에
見分け （みわけ · 미와께） 분간, 분별
見当 （けんとう · 겐또오） 짐작, 대중
見物人 （けんぶつにん · 겐부쓰닝） 구경꾼

観る

みる · 미루
かん · 강

보다, 관찰하다

観物 （みもの · 미모노） 볼거리, 볼만한 것
観客 （かんきゃく · 강꺄꾸） 관객
観察 （かんさつ · 간사쓰） 관찰

向かう

むかう · 무까우
こう · 고오

향하다, 면(面)하다

向かい合い （むかいあい · 무까이아이） 마주봄
向う側 （むこうがわ · 무꼬오가와） 저쪽, 반대편
向上 （こうじょう · 고오죠오） 향상
傾向 （けいこう · 게이꼬오） 경향

迎える

むかえる · 무까에루
げい · 게이

맞이하다

迎い （むかい · 무까이） 마중
迎え酒 （むかえざけ · 무까에자께） 해장술
迎合 （げいごう · 게이고오） 영합
歓迎 （かんげい · 강게이） 환영

昔

むかし · 무까시
せき · 세끼

옛날, 예전

昔気質 （むかしかたぎ · 무까시가따기） 옛기질
昔話 （むかしばなし · 무까시바나시） 옛날이야기
昔日 （せきじつ · 세끼지쓰） 옛날
昔年 （せきねん · 세끼넹） 옛날, 왕년(往年)

麦

むぎ · 무기
ばく · 바꾸

보리

麦茶 （むぎちゃ · 무기쟈） 보리차
麦飯 （むぎめし · 무기메시） 보리밥
麦秋 （ばくしゅう · 바꾸슈우） 맥추
精麦 （せいばく · 세이바꾸） 정맥

剥く

むく · 무꾸
はく · 하꾸

(껍질 따위를) 벗기다

剥き出し （むきだし · 무끼다시） 드러냄, 노출함
剥ける （むける · 무께루） 벗겨지다
剥製 （はくせい · 하꾸세이） 박제
剥奪 （はくだつ · 하꾸다쓰） 박탈

報いる

むくいる · 무꾸이루
ほう · 호오

보답하다, 갚다

報い （むくい · 무꾸이） 보답, 응보
報う （むくう · 무꾸우） 보답하다
報恩 （ほうおん · 호오옹） 보은
報告 （ほうこく · 호오꼬꾸） 보고

貪る

むさぼる · 무사보루
どん · 동

탐내다, 탐하다

貪り （むさぼり · 무사보리） 탐욕
貪り食い （むさぼりくい · 무사보리구이） 탐욕스럽게 먹다
貪欲 （どんよく · 동요꾸） 탐욕
貪婪 （どんらん · 돈랑） 지나치게 탐함

虫

むし · 무시
ちゅう · 쥬우

벌레, 곤충

虫下し （むしくだし · 무시구다시） 회충약
虫眼鏡 （むしめがね · 무시메가네） 확대경(擴大鏡)
寄生虫 （きせいちゅう · 기세이쥬우） 기생충
昆虫 （こんちゅう · 곤쮸우） 곤충

蒸す

むす · 무스
じょう · 죠오

찌다, 무덥다

蒸し暑い （むしあつい · 무시아쓰이） 무덥다
蒸し返す （むしかえす · 무시가에스） 되찌다
蒸発 （じょうはつ · 죠오하쓰） 증발
水蒸気 （すいじょうき · 스이죠오끼） 수증기

難しい

むずかしい · 무즈까시이
なん · 낭

어렵다, 힘들다

難しさ （むずかしさ · 무즈까시사） 어려움, 곤란함
難局 （なんきょく · 낭꾜꾸） 난국
国難 （こくなん · 고꾸낭） 국난

結ぶ

むすぶ · 무스부
けつ · 게쓰

잇다, 연결하다, 매다

結び付ける （むすびつける · 무스비쓰께루） 연결시키다, 결부하다
結び目 （むすびめ · 무스비메） 매듭
結合 （けつごう · 게쓰고오） 결합
結末 （けつまつ · 게쓰마쓰） 결말
結婚 （けっこん · 겟꽁） 결혼

鞭

むち・무찌
べん・벵

채찍, 회초리, 매

鞭打つ （むちうつ・무찌우쓰） 채찍질하다, 격려하다
鞭撻 （べんたつ・벤따쓰） 편달
教鞭 （きょうべん・교오벵） 교편

胸

むね・무네, むな・무나
きょう・교오

가슴

※「胸」는 훈독이「むね」도 되고「むな」도 된다.

胸当て （むねあて・무네아떼） 가슴에 대는 갑옷
胸焼け （むねやけ・무네야께） 가슴앓이
胸倉 （むなぐら・무나구라） 멱살
胸先 （むなさき・무나사끼） 앞가슴
胸襟 （きょうきん・교오낑） 흉금
度胸 （どきょう・도꾜오） 배짱, 담력

村

むら・무라
そん・송

마을, 촌락

村里 （むらさと・무라사또） 시골, 촌
村人 （むらびと・무라비또） 마을사람
村落 （そんらく・손라꾸） 촌락
漁村 （ぎょそん・교송） 어촌

群れ

むれ・무레
ぐん・궁

떼, 무리, 동아리

群がる （むらがる・무라가루） 떼지어 모이다
魚の群れ （うおのむれ・우오노무레） 고기떼
群衆 （ぐんしゅう・군슈우） 군중
抜群 （ばつぐん・바쓰궁） 발군

目

め・메
もく・모꾸

눈(알)

目当て （めあて・메아떼） 목표, 목적
目頭 （めがしら・메가시라） 눈시울
目的 （もくてき・모꾸떼끼） 목적
目標 （もくひょう・모꾸효오） 목표

眼

め・메
がん・강

눈(알)

眼鏡 （めがね・메가네） 안경
眼路 （めじ・메지） 안계(眼界), 시야(視野)
眼目 （がんもく・간모꾸） 안목
着眼 （ちゃくがん・쟈꾸강） 착안

芽

め · 메
が · 가

(식물의) 싹

芽立つ （めだつ · 메다쓰） 싹트다
芽生え （めばえ · 메바에） 움틈, 싹틈
麦芽 （ばくが · 바꾸가） 맥아
発芽 （はつが · 하쓰가） 발아

恵み

めぐみ · 메구미
けい · 게이

은혜, 은총

恵まれる （めぐまれる · 메구마레루） 혜택받다, 축복받다
恵む （めぐむ · 메구무） 은혜를 베풀다
恵沢 （けいたく · 게이따꾸） 혜택
恩恵 （おんけい · 옹께이） 은혜

盲

めくら · 메꾸라
もう · 모오

장님, 소경

盲捜し （めくらさがし · 메꾸라사가시） 무턱대고 찾음
明盲 （あきめくら · 아끼메꾸라） 눈뜬 소경, 문맹자(文盲者)
盲目的 （もうもくてき · 모오모꾸떼끼） 맹목적
色盲 （しきもう · 시끼모오） 색맹

巡る
めぐる・메구루
じゅん・쥰

돌다, 순회하다

巡り合い （めぐりあい・메구리아이） 우연한 만남
巡り合わせ （めぐりあわせ・메구리아와세） 운명
巡査 （じゅんさ・쥰사） 순경
巡礼 （じゅんれい・쥰레이） 순례

飯
めし・메시
はん・항

밥, 식사

飯粒 （めしつぶ・메시쓰부） 밥알
飯屋 （めしや・메시야） 대중식당
飯場 （はんば・한바） 노무자 합숙소
御飯 （ごはん・고항） 밥의 높임말

珍しい
めずらしい・메즈라시이
ちん・징

드물다, 희귀하다

珍か （めずらか・메즈라까） 진기한 모양
珍しさ （めずらしさ・메즈라시사） 진귀함
珍品 （ちんぴん・진삥） 드문 물건
珍味 （ちんみ・진미） 진미, 드문 맛

設ける
もうける · 모오께루
せつ · 세쓰

마련하다, 설치하다

設け （もうけ · 모오께） 준비, 마련
設備 （せつび · 세쓰비） 설비
建設 （けんせつ · 겐세쓰） 건설

申す
もうす · 모오스
しん · 싱

윗사람에게 말하다

申し合わせ （もうしあわせ · 모오시아와세） 합의, 약속
申し込み （もうしこみ · 모오시꼬미） 신청
申告 （しんこく · 싱꼬꾸） 신고
答申 （とうしん · 도오싱） 답신

燃える
もえる · 모에루
ねん · 넹

타다, 불길이 일다

燃え種 （もえくさ · 모에꾸사） 불쏘시개, 뗄감
燃え残り （もえのこり · 모에노꼬리） 타다 남은 것
燃焼 （ねんしょう · 넨소요） 연소
燃料 （ねんりょう · 넨료오） 연료, 뗄감

潜る
もぐる・모구루
せん・셍

잠입하다, 잠수하다

潜り （もぐり・모구리） 잠수, 자맥질
潜水艦 （せんすいかん・센스이깡） 잠수함
潜伏 （せんぷく・센뿌꾸） 잠복

若し
もし・모시
じゃく・쟈꾸

만약에, 혹시

若しか （もしか・모시까） 혹시
若しも （もしも・모시모） 만약, 만일의 경우
若輩 （じゃくはい・쟈꾸하이） 젊은이, 풋내기
老若者 （ろうじゃくしゃ・로오쟈꾸샤） 노약자

悶える
もだえる・모다에루
もん・몽

번민하다

身悶え （みもだえ・미모다에） 괴로워 몸을 비틀다
悶着 （もんちゃく・몬쨔꾸） 분쟁, 옥신각신
煩悶 （はんもん・한몽） 번민

餅　もち・모찌　／　べい・베이　떡

餅肌 （もちはだ・모찌하다） 매끈하고 포동포동한 살갗
餅屋 （もちや・모찌야） 떡가게
煎餅 （せんべい・센베이） 구운 납작과자

用いる　もちいる・모찌이루　／　よう・요오　쓰다, 사용하다

用いり済み （もちいりすみ・모찌이리스미） 사용기한이 끝남
用心 （ようじん・요오징） 조심, 주의
利用 （りよう・리요오） 이용

持つ　もつ・모쓰　／　じ・지　들다, 가지다, 쥐다

持ち主 （もちぬし・모찌누시） 소유자, 임자
持ち場 （もちば・모찌바） 담당부서
持病 （じびょう・지뵤오） 지병, 만성병
所持品 （しょじひん・쇼지힝） 소지품

最も
もっとも · 못또모
さい · 사이

(무엇보다도) 가장

最もな （もっともな · 못또모나） 가장 중요한
最高 （さいこう · 사이꼬오） 최고
最新 （さいしん · 사이싱） 최신

元
もと · 모또
げん · 겡, がん · 강

처음의 부분, 기원, 시초

※「元」는 음독이「げん」도 되고「がん」도 되는 등 복잡하다.

元手 （もとで · 모또데） 밑천, 자본
元値 （もとね · 모또네） 원가, 구입가격
元気 （げんき · 겡끼） 원기, 기운
元素 （げんそ · 겐소） 원소
元祖 （がんそ · 간소） 원조
元来 （がんらい · 간라이） 원래, 본시

求める
もとめる · 모또메루
きゅう · 규우

구하다, 찾다

求め （もとめ · 모또메） 요구, 수요(需要)
求めて （もとめて · 모또메떼） 구태여, 자진해서
求愛 （きゅうあい · 규우아이） 구애
要求 （ようきゅう · 요오뀨우） 요구

戻る

もどる · 모도루
れい · 레이

되돌아가다

戻りかけ （もどりかけ · 모도리가께） 돌아가고 있는 중
戻り道 （もどりみち · 모도리미찌） 돌아가는 길
反戻 （はんれい · 한레이） 반려, 되돌려보냄

物

もの · 모노
ぶつ · 부쓰

것, 물건, 물질

物置き （ものおき · 모노오끼） 헛간, 광
物見 （ものみ · 모노미） 구경, 관광
物議 （ぶつぎ · 부쓰기） 물의
動物 （どうぶつ · 도오부쓰） 동물

者

もの · 모노
しゃ · 샤, じゃ · 쟈

자, 사람, 것

※ 「者」는 음독이 「しゃ」도 되고 「じゃ」도 된다.

者共 （ものども · 모노도모） 너희들, 모두들
若者 （わかもの · 와까모노） 젊은이
学者 （がくしゃ · 가꾸샤） 학자
芸者 （げいしゃ · 게이샤） 기생
患者 （かんじゃ · 간쟈） 환자
間者 （かんじゃ · 간쟈） 첩자, 간첩

桃 もも・모모 / とう・도오 복숭아(나무)

桃色 （ももいろ・모모이로） 붉은 빛, 도색
桃の節句 （もものせっく・모모노셋꾸） 삼진날
桃色映画 （とうしょくえいが・도오쇼꾸에이가） 도색영화
桃李 （とうり・도오리） 도리

催す もよおす・모요오스 / さい・사이 개최하다, 열다

催し （もよおし・모요오시） 주최, 모임
催し物 （もよおしもの・모요오시모노） 사람을 모이게 해서 여는 모임이나 연예
催眠術 （さいみんじゅつ・사이민쥬쓰） 최면술
開催 （かいさい・가이사이） 개최

森 もり・모리 / しん・싱 숲, 삼림

森路 （もりじ・모리지） 숲길
森番 （もりばん・모리방） 산지기
森羅 （しんら・신라） 삼라
森林 （しんりん・신링） 삼림

漏る

もる · 모루
ろう · 로오

(액체 따위가) 새다

漏れ無く （もれなく · 모레나꾸） 빠짐없이
漏れる （もれる · 모레루） 새다, 빠지다
漏出 （ろうしゅつ · 로오슈쓰） 누출
漏水 （ろうすい · 로오스이） 누수

矢　や・야
　　　　し・시　　　　　　　　화살

矢先 （やさき・야사끼） 화살촉
矢印 （やじるし・야지루시） 화살표
弓矢 （ゆみや・유미야） 궁시
嚆矢 （こうし・고오시） 효시, 시초

屋　や・야
　　　　おく・오꾸　　　그 직업을 가진 집,
　　　　　　　　　　　　（경멸의 뜻으로） 전문가

政治屋 （せいじや・세이지야） 정상배(政商輩)
八百屋 （やおや・야오야） 채소가게, 채소가게 주인
屋号 （おくごう・오꾸고오） 옥호
家屋 （かおく・가오꾸） 가옥

館　やかた・야까따
　　　　かん・강　　　　　　임시숙소

館船 （やかたぶね・야까따부네） 지붕이 있는 놀잇배
館長 （かんちょう・간쬬오） 관장
美術館 （びじゅつかん・비쥬쓰깡） 미술관

喧しい

やかましい · 야까마시이
けん · 겡

시끄럽다, 떠들썩하다

喧し屋 （やかましや · 야까마시야） 잔소리꾼
喧嘩 （けんか · 겡까） 싸움, 다툼
喧噪 （けんそう · 겐소오） 떠들썩함

輩

やから · 야까라
はい · 하이

패거리, 무리, 도당

与太者の輩 （よたもののやから · 요따모노노야까라） 깡패도당
輩出 （はいしゅつ · 하이슈쓰） 배출
後輩 （こうはい · 고오하이） 후배

焼く

やく · 야꾸
しょう · 쇼오

태우다, 불에 굽다

焼き肉 （やきにく · 야끼니꾸） 불고기
焼き飯 （やきめし · 야끼메시） 볶음밥
焼却 （しょうきゃく · 쇼오꺄꾸） 소각
焼失 （しょうしつ · 쇼오시쓰） 소실

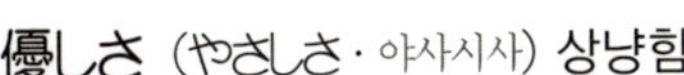

優しい
やさしい・야사시이
ゆう・유우

상냥하다, 온순하다

優しさ （やさしさ・야사시사） 상냥함
優姿 （やさすがた・야사스가따） 아름다운 모습
優雅 （ゆうが・유우가） 우아
優美 （ゆうび・유우비） 우미

邸
やしき・야시끼
てい・데이

저택, 고급주택

邸町 （やしきまち・야시끼마찌） 고급주택가
邸宅 （ていたく・데이따꾸） 저택
官邸 （かんてい・간떼이） 관저

養う
やしなう・야시나우
よう・요오

기르다, 양육하다

養い （やしない・야시나이） 양육
養い親 （やしないおや・야시나이오야） 양육한 부모
養子 （ようし・요오시） 양자
養成 （ようせい・요오세이） 양성

安い

やすい · 야스이
あん · 앙

(값이) 싸다

安売り （やすうり · 야스우리） 염가판매
安値 （やすね · 야스네） 싼값, 염가
安心 （あんしん · 안싱） 안심
安楽 （あんらく · 안라꾸） 안락

易い

やすい · 야스이
えき · 에끼, い · 이

쉽다, 간단하다

※「易」는 음독이 「えき」도 되고 「い」도 된다.

易易 （やすやす · 야스야스） 손쉽게, 아주 간단히
易経 （えききょう · 에끼꾜오） 역경
貿易 （ぼうえき · 보오에끼） 무역
容易 （ようい · 요오이） 용이

休む

やすむ · 야스무
きゅう · 규우

쉬다, 휴식하다

休み （やすみ · 야스미） 휴식
休み休み （やすみやすみ · 야스미야스미） 쉬엄쉬엄
休暇 （きゅうか · 규우까） 휴가
休憩所 （きゅうけいしょ · 규우께이쇼） 휴게소

奴

やつ・야쓰
ど・도

놈, 녀석, 자식

奴豆腐 (やっこどうふ・얏꼬도오후) 네모로 쓴 두부를 양념장에 찍어먹는 음식
奴等 (やつら・야쓰라) 놈들
奴隷 (どれい・도레이) 노예
売国奴 (ばいこくど・바이꼬꾸도) 매국노

宿

やど・야도
しゅく・슈꾸

숙소, 여관

宿帳 (やどちょう・야도쬬오) 여관의 숙박부
宿賃 (やどちん・야도찡) 숙박료
宿泊 (しゅくはく・슈꾸하꾸) 숙박
投宿 (とうしゅく・도오슈꾸) 투숙

雇う

やとう・야또우
こ・고

고용하다, 세내다

雇主 (やといぬし・야또이누시) 고용주
雇人 (やといにん・야또이닝) 고용인
雇用 (こよう・고요오) 고용
解雇 (かいこ・가이꼬) 해고

柳

やなぎ · 야나기
りゅう · 류우

버드나무

柳行李 （やなぎこうり · 야나기고오리） 버들고리짝
柳腰 （やなぎごし · 야나기고시） 날씬한 미인의 허리
柳眉 （りゅうび · 류우비） 미인의 눈썹
花柳界 （かりゅうかい · 가류우까이） 화류계

破る

やぶる · 야부루
は · 하

찢다, 깨다

破れかぶれ （やぶれかぶれ · 야부레가부레） 자포자기
破れる （やぶれる · 야부레루） 찢어지다, 패하다
破産 （はさん · 하상） 파산
破滅 （はめつ · 하메쓰） 파멸

山

やま · 야마
さん · 상

산, 무더기

山裾 （やますそ · 야마스소） 산기슭
山彦 （やまびこ · 야마비꼬） 산울림, 메아리
山頂 （さんちょう · 산쬬오） 산마루, 산꼭대기
高山 （こうざん · 고오장） 고산, 높은 산

病

やまい・야마이
びょう・뵤오

병, 나쁜 버릇, 고질

病み付き（やみつき・야미쓰끼）병이 나기 시작할 때
病む（やむ・야무）앓다, 병들다
病気（びょうき・뵤오끼）병, 질병
糖尿病（とうにょうびょう・도오뇨오뵤오）당뇨병

止める

やめる・야메루
し・시

그만 두다, 중지하다

止む（やむ・야무）그치다
止むに止まれず（やむにやまれず・야무니야마레즈）만부득이
止血（しけつ・시께쓰）지혈
停止（ていし・데이시）정지

槍

やり・야리
そう・소오

창

槍玉（やりだま・야리다마）희생의 대상
槍投げ（やりなげ・야리나게）투창, 창던지기
槍術（そうじゅつ・소오쥬쓰）창술
長槍（ちょうそう・죠오소오）장창, 긴 창

柔らかい

やわらかい・야와라까이
じゅう・쥬우

부드럽다, 포근하다

柔肌 （やわはだ・야와하다） (여자의) 부드러운 살갗
柔らか （やわらか・야와라까） 부드러운 모양
柔道 （じゅうどう・쥬우도오） 유도
柔軟性 （じゅうなんせい・쥬우난세이） 유연성

湯

ゆ・유
とう・도오

뜨거운 물, 데운 물

湯浴み （ゆあみ・유아미） 목욕
湯気 （ゆげ・유게） 김, 수증기
湯治 （とうじ・도오지） 탕치
熱湯 （ねっとう・넷또오） 열탕

夕べ

ゆうべ・유우베
ゆう・유우, せき・세끼

저녁, 저녁때

昨日の夕べ （きのうのゆうべ・기노오노유우베） 어제저녁
夕方 （ゆうがた・유우가따） 저녁때, 해질무렵
夕暮れ （ゆうぐれ・유우구레） 해질녘, 황혼
夕陽 （せきよう・세끼요오） 석양
一朝一夕 （いっちょういっせき・잇쬬오잇세끼） 일조일석

 故
ゆえ・유에
こ・고

까닭, 이유

故に （ゆえに・유에니） 그러므로, 따라서
故由 （ゆえよし・유에요시） 까닭, 연고
故郷 （こきょう・고꾜오） 고향
故障 （こしょう・고쇼오） 고장

 床
ゆか・유까
しょう・쇼오

마루

※「床」는 앞에서 배웠듯이 「とこ」라고 할 때는 「잠자리」가 되고 「ゆか」로
발음할 때는 「마루」를 가리킨다.

床板 （ゆかいた・유까이따） 마루청
床下 （ゆかした・유까시따） 마루 밑
床几 （しょうぎ・쇼오기） 걸상
起床 （きしょう・기쇼오） 기상

 雪
ゆき・유끼
せつ・세쓰

눈

雪合戦 （ゆきがっせん・유끼갓셍） 눈싸움
雪達磨 （ゆきだるま・유끼다루마） 눈사람
雪害 （せつがい・세쓰가이） 설해
新雪 （しんせつ・신세쓰） 신설, 새눈

行く

ゆく · 유꾸
こう · 고오,　ぎょう · 교오　　　가다, 움직여가다

※「行く」는「いく」로 발음하는 수도 있으며, 앞에서 배웠듯이 음독이「こう」도 되고「ぎょう」도 된다.

行き返り （ゆきかえり · 유끼가에리） 왕복
行方 （ゆくえ · 유꾸에） 행방
行動 （こうどう · 고오도오） 행동
孝行 （こうこう · 고오꼬오） 효도
行儀 （ぎょうぎ · 교오기） 행실
行事 （ぎょうじ · 교오지） 행사

譲る

ゆずる · 유즈루
じょう · 죠오　　　물려주다, 양보하다

譲り （ゆずり · 유즈리） 물려받음, 양도
親譲り （おやゆずり · 오야유즈리） 부모로부터 물려받음
譲歩 （じょうほ · 죠오호） 양보
譲与 （じょうよ · 죠오요） 양여, 양도

豊か

ゆたか · 유다까
ほう · 호오　　　풍족함, 풍부함

豊けし （ゆたけし · 유다께시） 넉넉하다, 윤택하다
豊年 （ほうねん · 호오넹） 풍년
豊満 （ほうまん · 호오망） 풍만

指

ゆび・유비
し・시

손(발)가락

指差し （ゆびさし・유비사시） 손가락질
指輪 （ゆびわ・유비와） 반지, 가락지
指定席 （していせき・시떼이세끼） 지정석
指摘 （してき・시떼끼） 지적

弓

ゆみ・유미
きゅう・규우

활

弓形 （ゆみかた・유미가따） 활처럼 굽은 모양
弓矢 （ゆみや・유미야） 활과 화살
弓術 （きゅうじゅつ・규우쥬쓰） 궁술, 궁도
胡弓 （こきゅう・고뀨우） 호궁

夢

ゆめ・유메
もう・모오,　む・무

꿈

※「夢」는 음독이 「もう」가 아닌 「む」가 된다.

夢心地 （ゆめごこち・유메고꼬찌） 꿈을 꾸는듯 황홀한 모양
夢見る （ゆめみる・유메미루） 꿈꾸다
夢中 （むちゅう・무쮸우） 열중함, 몰두함
悪夢 （あくむ・아꾸무） 악몽

許す

ゆるす · 유루스
きょ · 교

허가하다, 허용하다

許し （ゆるし · 유루시） 허가, 용서
許し文 （ゆるしぶみ · 유루시부미） 사면장(赦免狀)
許可 （きょか · 교까） 허가
特許 （とっきょ · 돗꾜） 특허

緩む

ゆるむ · 유루뮤
かん · 강

느슨해지다, 풀어지다

緩める （ゆるめる · 유루메루） 늦추다, 풀다
緩やか （ゆるやか · 유루야까） 느슨함, 완만함
緩和 （かんわ · 강와） 완화
弛緩 （しかん · 시깡） 이완

揺れる

ゆれる · 유레루
よう · 요오

흔들리다

揺り籠 （ゆりかご · 유리가고） 요람
揺るがす （ゆるがす · 유루가스） 뒤흔들다
揺籃 （ようらん · 요오랑） 요람
動揺 （どうよう · 도오요오） 동요

世

よ・요
せ・세,　せい・세이

세상, 사회

※「世」는 음독이 「せ」도 되고 「せい」도 되는 등 매우 복잡하다.

世の中 （よのなか・요노나까） 세상
世渡り （よわたり・요와따리） 처세, 생활
世界 （せかい・세까이） 세계
世間 （せけん・세껭） 세상
世紀 （せいき・세이끼） 세기
二世 （にせい・니세이） 2세

酔う

よう・요우
すい・스이

술에 취하다

酔い潰れる （よいつぶれる・요이쓰부레루） 술에 취해 곤드레가 됨
酔いどれ （よいどれ・요이도레） 술에 만취한 사람
酔狂 （すいきょう・스이꾜오） 색다른 것을 좋아함
陶酔 （とうすい・도오스이） 도취

横

よこ・요꼬
おう・오오

옆, 가로

横顔 （よこがお・요꼬가오） 옆얼굴, 프로필
横切る （よこぎる・요꼬기루） 가로지르다, 횡단하다
横暴 （おうぼう・오오보오） 횡포
横領 （おうりょう・오오료오） 횡령

汚す

よごす・요고스
お・오

더럽히다

汚れ （よごれ・요고레） 더러움, 오점
汚れる （よごれる・요고레루） 더러워지다
汚染 （おせん・오셍） 오염
汚名 （おめい・오메이） 오명

装う

よそおう・요소오우
そう・소오

(몸) 치장하다

装い （よそおい・요소오이） 치장, 단장
装い道具 （よそおいどうぐ・요소오이도오구） 치장하는데 쓰는 도구
装飾 （そうしょく・소오쇼꾸） 장식
扮装 （ふんそう・훈소오） 분장

呼ぶ

よぶ・요부
こ・고

부르다, 소리내어 부르다

呼び子 （よびこ・요비꼬） 호루라기
呼び出し （よびだし・요비다시） 호출
呼応 （こおう・고오오） 호응
歓呼 （かんこ・강꼬） 환호

読む

よむ・요무
どく・도꾸

읽다, 소리내어 읽다

読み方 （よみかた・요미까따） 읽는 법, 읽기
読み耽ける （よみふける・요미후께루） 탐독하다
読者 （どくしゃ・도꾸샤） 독자
朗読 （ろうどく・로오도꾸） 낭독

嫁

よめ・요메
か・가

며느리

嫁入り （よめいり・요메이리） 시집감, 혼례
花嫁 （はなよめ・하나요메） 신부, 새색시
出嫁 （しゅっか・슛까） 출가
転嫁 （てんか・뎅까） 전가

夜

よる・요루
よ・요, や・야

밤

※ 「夜」는 음독이 「よ」도 되고 「や」도 된다.

夜昼 （よるひる・요루히루） 밤과 낮, 주야
夜夜中 （よるよなか・요루요나까） 한밤중
夜なべ （よなべ・요나베） 밤일, 야업
月夜 （つきよ・쓰끼요） 달밤
夜間 （やかん・야깡） 야간
日夜 （にちや・니찌야） 밤낮, 주야

寄る

よる · 요루

き · 기

접근하다, 다가서다

寄り縋る （よりすがる · 요리스가루） 바짝 매달리다
寄り道 （よりみち · 요리미찌） 가는 길에 들름
寄港 （きこう · 기꼬오） 기항
寄付 （きふ · 기후） 기부

喜ぶ

よろこぶ · 요로꼬부

き · 기

기뻐하다, 즐거워하다

喜ばしい （よろこばしい · 요로꼬바시이） 기쁘다
喜び （よろこび · 요로꼬비） 기쁨
喜悦 （きえつ · 기에쓰） 희열
狂喜 （きょうき · 교오끼） 광희, 기뻐 날뜀

宜しい

よろしい · 요로시이

ぎ · 기

나쁘지 않다, 괜찮다

宜しき （よろしき · 요로시끼） 적절함
宜しく （よろしく · 요로시꾸） 적당히
時宜 （じぎ · 지기） 시의
便宜 （べんぎ · 벵기） 편의

万

よろず · 요로즈
まん · 망, ばん · 방

만, 수가 매우 많음

万屋 （よろずや · 요로즈야） 만물상
万代 （よろずよ · 요로즈요） 만대, 영구
万一 （まんいち · 망이찌） 만일, 만약에
万年筆 （まんねんひつ · 만넹히쓰） 만년필
万国 （ばんこく · 방꼬꾸） 만국
万歳 （ばんざい · 반자이） 만세

弱い

よわい · 요와이
じゃく · 쟈꾸

약하다, 모자라다

弱音 （よわね · 요와네） 나약한 말, 못난 소리
弱虫 （よわむし · 요와무시） 겁쟁이
弱体 （じゃくたい · 쟈꾸따이） 약체
貧弱 （ひんじゃく · 힌쟈꾸） 빈약, 볼품이 없음

楽に
らくに · 라꾸니
がく · 가꾸

편하게, 안락하게

楽園 (らくえん · 라꾸엥) 낙원, 파라다이스
楽楽 (らくらく · 라꾸라꾸) 편안히, 거뜬히
楽観 (らっかん · 랏깡) 낙관
楽譜 (がくふ · 가꾸후) 악보
音楽 (おんがく · 옹가꾸) 음악

力む
りきむ · 리끼무
りょく · 료꾸

힘주다, 힘을 모으다

力説 (りきせつ · 리끼세쓰) 역설
力量 (りきりょう · 리끼료오) 역량
総力 (そうりょく · 소오료꾸) 총력
能力 (のうりょく · 노오료꾸) 능력

輪
わ・와
りん・링

고리, 원형(円形)

輪ゴム （わゴム・와고무） 고무밴드
輪投げ （わなげ・와나게） 고리던지기 놀이
輪郭 （りんかく・링까꾸） 윤곽
輪廻 （りんね・린네） 윤회

若い
わかい・와까이
じゃく・쟈꾸

젊다

若手 （わかて・와까떼） 한창때의 젊은 사람
若者 （わかもの・와까모노） 젊은이, 청년
若年 （じゃくねん・쟈꾸녱） 연소자
若輩 （じゃくはい・쟈꾸하이） 풋내기, 애송이

別れる
わかれる・와까레루
べつ・베쓰

헤어지다, 갈라지다

別れ （わかれ・와까레） 이별, 헤어짐
別れ別れ （わかれわかれ・와까레와까레） 따로따로
別誂え （べつあつらえ・베쓰아쓰라에） 특별 주문
別段 （べつだん・베쓰당） 별반, 별로
別冊 （べっさつ・벳사쓰） 별책
別荘 （べっそう・벳소오） 별장

弁える

わきまえる・와끼마에루
べん・벵

분별하다, 판별하다

弁え （わきまえ・와끼마에） 분별, 판별
弁償 （べんしょう・벤쇼오） 변상
弁当 （べんとう・벤또오） 도시락

湧く

わく・와꾸
ゆう・유우

끓어오르다, 비등하다

湧き上がる （わきあがる・와끼아가루） 끓어오르다
湧き水 （わきみず・와끼미즈） 끓어오르는 물
湧出 （ゆうしゅつ・유우슈쓰） 용출, 솟아나옴

訳

わけ・와께
やく・야꾸

까닭, 뜻, 의미

訳知り （わけしり・와께시리） 한량, 정사(情事)에 능통한 사람
訳無い （わけない・와께나이） 간단하다, 수월하다
訳本 （やくほん・야꾸홍） 번역된 책
通訳 （つうやく・쓰우야꾸） 통역

分ける
わける・와께루
ぶん・분

나누다, 구분하다

分け目 （わけめ・와께메） 갈라지는 경계
山分け （やまわけ・야마와께） 절반씩 나눔, 반분함
分解 （ぶんかい・붕까이） 분해
分校 （ぶんこう・붕꼬오） 분교

技
わざ・와자
ぎ・기

솜씨, 기술, 기량

技競い （わざきそい・와자기소이） 기술겨루기
寝技 （ねわざ・네와자） 누운 자세로 싸우는 기술
技術 （ぎじゅつ・기쥬쓰） 기술
妙技 （みょうぎ・묘오기） 묘기

業
わざ・와자
ぎょう・교오

행위, 짓

神業 （かみわざ・가미와자） 신의 조화
人間業 （にんげんわざ・닝겡와자） 사람의 힘으로 할 수 있는 일
業務 （ぎょうむ・교오무） 업무
失業 （しつぎょう・시쓰교오） 실업

 **態と**

わざと・와자또
たい・다이

일부러, 우정

態とらしい （わざとらしい・와자또라시이） 부자연하다
態度 （たいど・다이도） 태도
状態 （じょうたい・죠오따이） 상태

 **災い**

わざわい・와자와이
さい・사이

재난, 재앙, 화

災いする （わざわいする・와자와이스루） 화가(재앙이) 된다
災難 （さいなん・사이낭） 재난
火災 （かさい・가사이） 화재

 **煩う**

わずらう・와즈라우
はん・항

번민하다, 걱정하다

煩い （わずらい・와즈라이） 번민, 걱정
煩わしい （わずらわしい・와즈라와시이） 번거롭다
煩悶 （はんもん・한몽） 번민

忘れる
わすれる · 와스레루
ぼう · 보오

잊다, 잊어버리다

忘れっぽい (わすれっぽい · 와스렛뽀이) 툭하면 잊는다
忘れ物 (わすれもの · 와스레모노) 잊은 물건
忘却 (ぼうきゃく · 보오꺄꾸) 망각
健忘症 (けんぼうしょう · 겐보오쇼오) 건망증

綿
わた · 와따
めん · 멩

솜, 목화

綿入れ (わたいれ · 와따이레) 솜옷
綿雪 (わたゆき · 와따유끼) 함박눈
綿密 (めんみつ · 멘미쓰) 면밀
海綿 (かいめん · 가이멩) 해면

私
わたくし · 와따꾸시
し · 시

나, 저

※「私」는 훈독이「わたくし」도 되고「わたし」도 된다.

私事 (わたくしごと · 와따꾸시고또) 사사, 사삿일
私小説 (わたくししょうせつ · 와따꾸시쇼오세쓰) 사소설
私生活 (しせいかつ · 시세이까쓰) 사생활
私立 (しりつ · 시리쓰) 사립

渡る

わたる・와따루
と・도 건너다, 건너가다

渡し場 （わたしば・와따시바） 나룻터, 도선장
渡り鳥 （わたりどり・와따리도리） 철새, 후조
渡航 （とこう・도꼬오） 도항
譲渡 （じょうと・죠오또） 양도

笑う

わらう・와라우
しょう・쇼오 웃다

笑いこける （わらいこける・와라이고께루） 배꼽이 빠지게 웃다
笑い者 （わらいもの・와라이모노） 웃음가마리
笑話 （しょうわ・쇼오와） 우스운 이야기
微笑 （びしょう・비쇼오） 미소

童

わらべ・와라베
どう・도오 어린이, 동자(童子)

童歌 （わらべうた・와라베우따） 어린이노래, 동요
童女 （わらべめ・와라베메） 소녀, 동녀(童女)
童話 （どうわ・도오와） 동화
児童 （じどう・지도오） 아동

割る

わる・와루
かつ・가쓰

나누다, 쪼개다, 깨뜨리다

割り算 （わりざん・와리장） 나눗셈
割引き （わりびき・와리비끼） 할인
割腹 （かっぷく・갓뿌꾸） 할복
分割 （ぶんかつ・붕까쓰） 분할

悪い

わるい・와루이
あく・아꾸

나쁘다, 못되다

悪巧み （わるだくみ・와루다꾸미） 잔꾀, 흉계
悪びれ （わるびれ・와루비레） 주눅, 기가 죽음
悪人 （あくにん・아꾸닝） 악인, 나쁜 인간
醜悪 （しゅうあく・슈우아꾸） 추악함
悪感 （あっかん・앗깡） 악감, 불쾌감

저자소개

서울출생

저역서 「기초일본어」 「기초일본어회화」
　　　　「여행일본어회화」 「기초일본어단어집」
　　　　三蒲綾子 「빙점」 「죽음보다 강한 것」
　　　　石坂洋次郎 「청맥」
　　　　松本淸張 「0의 촛점」 「공범자」 「눈의 벽」 외 50여종

★일본어 바로읽기★

훈독과 음독으로 풀어 쓴

일본어단어

초판인쇄 | 2008년 6월 10일
초판발행 | 2008년 6월 15일
지은이 | 이영조
펴낸이 | 장종호
펴낸곳 | 도서출판 사사연
　　　　사상사회연구소
등록번호 | 제10-1912호
등록일 | 2006년 2월 8일
주 소 | 서울시 마포구 아현동 386-86
전 화 | (02)393-2510
팩 스 | (02)393-2511
홈페이지 | www.ssyeun.co.kr
전자우편 | ssyeun@ssyeun.co.kr

값 8,800원

*잘못 만들어진 책은 바꿔드립니다.